COMPLET
COREEAN-AMERICAN
CARTE DE BUCATE

100 MÂNFURI TOPITE, CARE AU GUST DE CASĂ

Zoe Radu

Toate drepturile rezervate.

Disclaimer

Informațiile conținute în această carte electronică sunt menite să servească drept o colecție cuprinzătoare de strategii explorate de autorul acestei cărți electronice. Rezumatele, strategiile, sfaturile și trucurile sunt doar recomandările autorului, iar citirea acestei cărți electronice nu garantează că rezultatele dvs. vor reflecta cu acuratețe constatările autorului. Autorul cărții electronice a depus toate eforturile rezonabile pentru a oferi informații actuale și exacte pentru cititorii cărții electronice. Autorul și colaboratorii săi nu vor fi făcuți responsabili pentru erorile sau omisiunile neintenționate care pot fi găsite. Materialul din cartea electronică poate conține informații de la terți. Materialele terțelor părți conțin opinii exprimate de proprietarii lor.

Cartea electronică este Copyright © 2023 cu toate drepturile rezervate. Este ilegal să redistribuiți, să copiați sau să creați lucrări derivate din această carte electronică, integral sau parțial. Nicio parte a acestui raport nu poate fi reprodusă sau redistribuită sub nicio formă fără permisiunea scrisă expresă și semnată a autorului.

CUPRINS

CUPRINS 3
INTRODUCERE 8
SUPE 9
    1.   Supă coreeană-americană de caș de fasole 10
    2.   Supă coreeană-americană de alge marine............................ 12
    3.   Supă de orez cu creveți 14
    4.   Supă de cod uscat 16
    5.   Supă de piept de vită și tripă... 19
    6.   Supă de Germeni de Soia 21
    7.   Supă de pui și ginseng 23
    8.   Supă cu tăiței cu orez și carne de vită 25
    9.   Supă coreeană-americană cu tăiței tăiate cu cuțit 27
    10. Supă de ceafă de porc 29
FORM PRINCIPAL.. 32
    11. Gyeranbap cu alge prăjite... 33
    12. Carne de vită Bulgogi 35
    13. Coaste scurte la grătar coreean-american 37
    14. Pui coreean-american 39
    15. Friptură coreeană-americană.. 41
    16. Fidea Chap Chee.. 43
    17. Carne de porc marinată condimentată coreean-americană 46
    18. Friptură de flanc marinată coreeano-americană 48
    19. Cotlete dulci de miel la gratar cu condimente 50
    20. Pulpe de pui fript coreean-american 52
    21. Pui și cartofi picant coreean-american 54

FIDEI 56
- 22. Salată cu fidea de fasole mung 57
- 23. Vermicelli de cartofi dulci și carne de vită 60
- 24. Taitei reci picante 63
- 25. Taitei cu sos de fasole neagra 65
- 26. Bol cu tăiței de pui coreean-american 68
- 27. Taitei picante cu ou si castraveti 71
- 28. Taitei rece coreeano-americani 73
- 29. Salată picantă de melci coreean-american 75
- 30. Taitei Soba picante 78
- 31. Taitei coreean-americani cu legume 81

MÂNCĂ DE STRADA ȘI SNACK-URI 82
- 32. Hotteok cu legume si taitei 83
- 33. Pâine cu ou 86
- 34. Tort de orez fierbinte si picant 88
- 35. Clătite coreean-americane cu fructe de mare 90
- 36. Sandvișuri Bulgolgi vegan 93
- 37. Tort coreean-american cu bacon și ouă 96
- 38. Orez cu curry coreean-american 99
- 39. Rulă de ouă de zebră 101
- 40. Prăjituri cu nucă coreeano-americane 103
- 41. Toast de stradă Sandvișuri 105
- 42. Legume prăjite 108

DESERTURI 111
- 43. Clatite coreene-americane dulci 112
- 44. Pere braconate cu miere coreeano-americane 115
- 45. Sorbet de gheață cu lapte coreean-american 117
- 46. Frigărui de prăjitură de orez coreean-americană 119

47.	Tort coreeano-american cu căpșuni și kiwi	121
48.	Desert Yakwa coreean-american	124
49.	Budincă de tapioca coreeană-americană	127
50.	Tort de orez picant coreean-american	129
51.	Pere la cuptor în chipsuri Wonton și miere, mascarpone cu scorțișoară	131
52.	Prajitura de orez dulce sanatoasa	133

PRANZ CALDE **135**

53.	Boluri cu burrito cu pui	136
54.	Pui tikka masala	139
55.	Boluri grecești de pui	142
56.	Boluri cu carne de vită pentru prepararea meselor coreean-americane	145
57.	Mason borcan supă de pui și ramen	148
58.	Borcan mason bolognese	151
59.	Lasagna borcan Mason	154
60.	Supă de detoxifiere cu ghimbir miso	157
61.	Cartofi dulci umpluți	159
62.	Cartofi umpluți cu pui coreean-american	161
63.	Cartofi umpluți cu varză și ardei roșu	163
64.	Cartofi umpluți cu pui cu muștar	165
65.	Cartofi umpluți cu fasole neagră și Vârful de Cocoș	167
66.	Taitei de dovlecel cu chiftele de curcan	170
67.	Chiftele ușoare	173
68.	Supa cu 3 ingrediente	175
69.	Salsa de gătit lentă Turcia	177
70.	Burrito-Castron-In-A-Borcan	179

PRANZ RECE **181**

71.	Boluri pentru pregătirea mesei Carnitas	182
72.	Salată de hot dog din Chicago	185
73.	Boluri pentru taco cu pește	188
74.	Recoltați salată Cobb	191
75.	Salată cobb de conopidă de bivoliță	194
76.	Mason borcan de sfeclă și varză de Bruxelles boluri de cereale	197
77.	Mason borcan salata de broccoli	200
78.	Mason borcan salata de pui	202
79.	Mason jar Salata chinezeasca de pui	204
80.	Mason borcan salata niçoise	206
81.	Boluri de ton picant	209
82.	Salată de friptură cobb	212
83.	Boluri pentru hrănirea cartofilor dulci	215
84.	Boluri Thai Buddha de pui	217
85.	Ambalaje thailandeze de pui cu arahide	220
86.	Roțile cu spanac de curcan	223
87.	Salată de taco de curcan	225
88.	Salată cu borcan mason foarte verde	227
89.	Boluri cu rulouri de primăvară cu dovlecei	229

SALATE **231**

90.	Legume chilli-lime	232
91.	Paste cu lamaie cu broccoli si dovlecei	234
92.	Vinete, cartofi si naut	236
93.	Sos cremos de varză cu varză	239
94.	Bruxelles, Morcovi și Verzi	241
95.	Broccoli Conopida Prajita	243
96.	Paste cu sparanghel și dovlecel	245

97.	Roșii umplute cu legume	247
98.	Ratatouille vinete	249
99.	**Ciuperci și spanac**	251
100.	**Piper negru Spanac citric**	253

CONCLUZIE **255**

INTRODUCERE

Cu toții avem rețete preferate de familie. Unele au fost transmise cu grijă de-a lungul generațiilor, în timp ce altora li se spune în grabă la telefon după ce un membru mai tânăr al familiei a fugit din cuib. De multe ori poate fi imposibil să faci felul de mâncare așa cum este în memoria ta; uneori se pot face modificări intenționate sau din necesitate, dar indiferent de modul în care evoluează de-a lungul anilor, inima preparatului rămâne mereu.

Aceste rețete coreene americane ilustrează modul în care două culturi alimentare diferite fuzionate creează o bucătărie hibridă inventiva, care are gust de acasă.

SUPE

1. <u>Supă coreeană-americană de caș de fasole</u>

Timp de pregătire: 15 minute
Timp de preparare: 20 de minute
Porții: 4 persoane

INGREDIENTE
- 1 lingura pasta de usturoi
- 3 ½ căni de apă
- ½ lingură granule dashi
- 3 linguri de pasta de caș de fasole coreeană-americană
- 1 dovlecel, taiat cubulete
- ¼ de kilogram de ciuperci proaspete, tăiate în sferturi
- 1/ lingura pasta de ardei iute coreeano-american
- 1 cartof, curatat si taiat cubulete
- 1 - pachet de 12 uncii tofu moale, feliat
- 1 ceapă, tăiată cubulețe

DIRECTII
a) Adaugă apa într-o tigaie mare, adaugă usturoiul, ardeiul iute și pastele de caș.
b) Se încălzește până când fierbe și se ține la fiert timp de 2 minute pentru a ajuta la dizolvarea pastelor.
c) Apoi adăugați cartofii, ceapa, dovlecelul și ciupercile, amestecați împreună, aduceți din nou la fiert pentru încă 6 minute.
d) La sfarsit adauga tofu, dupa ce acesta a crescut in dimensiune si legumele sunt moi, servim in boluri si savuram.

2. Supă coreeană-americană de alge marine

Timp de pregătire: 15 minute
Timp de preparare: 30 minute
Porții: 4 persoane

INGREDIENTE
- 2 lingurite ulei de susan
- Pachet de 1 – 1 uncie alge marine brune uscate
- 1 ½ linguriță sos de soia
- ¼ de kilogram de muschi de vita, tocat
- 6 căni de apă
- 1 lingurita sare
- 1 lingurita de usturoi tocat

DIRECTII
a) Puneți algele într-un recipient cu apă și acoperiți, lăsați-o să se înmoaie până devine moale, apoi tăiați în bucăți de 2 inci lungime.
b) Pune o tigaie pe foc, apoi pune ulei, sare după gust, carne de vită și ½ lingură de sos de soia, amestecă amestecând timp de 1 minut.
c) Apoi amestecați algele cu restul de sos de soia, gătiți încă 1 minut.
d) Acum adăugați 2 căni de apă și încălziți până când începe să fiarbă.
e) Puneti usturoiul cu restul de apa, odata ce fierbe din nou, reduceti focul si gatiti la foc mic timp de 20 de minute.
f) Corectați condimentele și serviți.

3. Supă de orez cu creveți

Timp de pregătire: 120 de minute
Timp de preparare: 32 minute
Porții: 3 persoane

INGREDIENTE
- 1 lingura ulei de susan
- 2 căni de orez alb
- 1 lingura vin de orez
- 9 uncii de creveți, decojiți și devenați
- 12 căni de apă
- Condimente după gust

DIRECTII
a) Luați orezul și clătiți-l, puneți-l pe o parte timp de 120 de minute.
b) Adăugați uleiul într-o tigaie și încălziți, odată fierbinte picătură în creveții cu vinul de orez și gătiți timp de un minut, apoi adăugați orezul amestecați și prăjiți încă 1 minut.
c) Puneți apa și încălziți până dă în clocot, odată ce orezul s-a extins la de 3 ori mai mult, reduceți focul.
d) Gatiti inca 10 minute.
e) Corectați condimentele și serviți încă fierbinte.

4. <u>Supă de cod uscat</u>

Timp de pregătire: 25 de minute
Timp de preparare: 30 minute
Porții: 2 persoane

INGREDIENTE
- 9 uncii de tofu moale
- 2 – 3 căni de polac uscat
- 2 catei de usturoi, tocati
- 3 ceai
- 3 ½ linguri ulei de susan
- 3 ½ cană Dashida, supă coreeană
- Sarat la gust
- 1 ou
- 5 căni de apă
- Germeni de fasole, dacă se dorește
- Fulgi de ardei roșu dacă se dorește

DIRECTII

a) Tăiați peștele în fâșii subțiri, de aproximativ 1 ½ inch lungime.
b) Încinge uleiul într-o tigaie și prăjește fâșiile de pește timp de 3 minute.
c) Apoi, turnați apa cu bulionul coreean-american și usturoiul, puneți un capac și încălziți până dă în clocot, apoi reduceți focul.
d) Tăiați tofu-ul în bucăți de ½ inch și adăugați-l în tigaie.
e) Dacă folosiți muguri de fasole adăugați-i acum.
f) Puneți capacul înapoi și gătiți timp de 15 minute.
g) Bateți oul, folosind un castron mic.
h) Se amestecă în supă, amestecând bine, acum adăugați ceapa, tăiată în lungimi de 1 inch.
i) Gatiti inca 2 minute si corectati condimentele.
j) Vase fierbinte.
k) Pudrați cu fulgi de piper dacă doriți.
l) Poate fi consumat cu orez fiert la abur.

5. Supă de piept de vită și tripă

Timp de pregătire: 120 de minute
Timp de gătire: 360 minute
Porții: 10 persoane

INGREDIENTE
- 1 ceapă, tocată pentru fiecare bol de servire
- 1 pachet de oase de coadă de bou, inclusiv carne, supermarket coreean-american
- Condimente după gust
- 1 ½ galon de apă

DIRECTII
a) Adăugați coada de bou într-un vas care conține apă și lăsați-o la macerat, eliminând excesul de sânge, schimbați apa de 2-3 ori.
b) Când este gata, adăugați oasele într-o oală mare și acoperiți-le cu 1 ½ galon de apă.
c) Puneti pe aragaz si gatiti minim 6 ore, cu cat gatiti mai mult cu atat gustul si carnea sunt mai bune.
d) În timp ce se gătește, continuați să îndepărtați uleiul care apare deasupra, mențineți nivelul apei la aproximativ 1 galon în timp ce gătiți.
e) Odată gata, culoarea trebuie să aibă un aspect cremos.
f) Corectați condimentele.
g) Se servesc in boluri cu coada de bou si se presara deasupra ceapa tocata.

6. <u>Supă de Germeni de Soia</u>

Timp de pregătire: 10 minute
Timp de preparare: 30 minute
Porții: 2-3 persoane

INGREDIENTE
- 1 ceapă, tocată
- 2 căni de germeni de soia
- 2 linguri sos de soia
- 2 catei de usturoi, tocati
- 5 căni de apă
- 1 lingura ulei de susan
- 1 - 2 linguri fulgi de ardei roșu, dacă se dorește
- 1 lingurita sare

DIRECTII
a) Curățați mugurii de soia în apă, apoi scurgeți, îndepărtați orice părți nedorite.
b) Se adauga uleiul intr-o oala si cand este fierbinte se prajeste usturoiul adaugand in acelasi timp sosul de soia, se fierbe 3 minute.
c) Se toarnă apa și se pun mugurii și se condimentează, se încălzește până când începe să fiarbă.
d) Acum reduceți focul și gătiți la foc mic timp de 20 de minute, cu capacul pus.
e) Dacă doriți să adăugați fulgi de ardei roșu, puneți aceștia cu 5 minute înainte de sfârșitul gătitului.
f) Luați de pe foc și serviți în boluri cu ceapa tocată deasupra.

7. Supă de pui și ginseng

Timp de pregătire: 20 de minute
Timp de preparare: 25 minute
Porții: 4 persoane

INGREDIENTE
- 2 linguri de usturoi, tocat fin
- 1 lingurita de seminte de susan
- 2 linguri de ghimbir proaspăt, tocat fin
- 8 cesti supa de pui
- 1 lingura sos de soia
- 1 – 2 lingurițe de pastă de ardei iute roșu
- ½ cană de orez
- 1 lingurita ulei de susan prajit
- 2 ceai, tocate fin
- 1 cană de pui gătit mărunțit

DIRECTII
a) Prăjiți semințele timp de 1 minut, până devin aurii într-o tigaie uscată, apoi lăsați deoparte.
b) Folosind o oală mare, adăugați usturoiul, bulionul și ghimbirul și încălziți până dă în clocot.
c) Odată ce fierbe, amestecați pasta de chili, soia și uleiul de susan.
d) Puneti puiul si incalziti pana devine cald.
e) Așezați supa în bolurile de servire și terminați cu ceai și semințele deasupra.

8. <u>Supă cu tăiței cu orez și carne de vită</u>

Timp de pregătire: 30 de minute
Timp de gătire: 75 de minute
Porții: 8 persoane

INGREDIENTE
- $\frac{1}{2}$ ridiche întreagă coreeano-americană
- $\frac{1}{2}$ kg friptură de coastă de vită
- $\frac{1}{4}$ de kilogram de tăiței chinezești
- 1½ pound ciocan de vită
- 5 catei de usturoi
- 1 ceapă mare și tocată
- Condimente după gust

DIRECTII
a) Luați carnea de vită și tăiați bucăți de mărimea gurii.
b) Tăiați ridichea în două bucăți.
c) Acum fierbeți-le împreună folosind o oală mare cu 30 de căni de apă, odată ce dă în clocot, reduceți focul și fierbeți timp de 60 de minute.
d) Odată ce carnea este fragedă, o scoateți din bulion, împreună cu ridichea, lăsați bulionul să se răcească, îndepărtând excesul de grăsime.
e) Când puteți manipula felia de ridiche în $\frac{1}{8}$ felii groase.
f) Pune carnea cu ridichia taiata inapoi in bulion si da din nou la fiert adaugand de data aceasta taiteii.
g) Puneți ceapa și corectați condimentele cu sare și piper.
h) Serviți în boluri cu supă și savurați.

9. Supă coreeană-americană cu tăiței tăiate cu cuțit

Timp de pregătire: 15 minute
Timp de preparare: 25 minute
Porții: 4 persoane

INGREDIENTE
½ lingurita de usturoi tocat
4 ½ căni de stoc de hamsii și alge uscate sau apă
½ linguriță sare de mare fină
1 lingurita sos de soia
Apă pentru a găti tăiteii
Morcov de 1,7 uncii, tăiat în fâșii subțiri
10 uncii taitei kalguksu sau ramen
1,4 uncii de ciuperci shitake, feliate subțiri
3,5 uncii de dovlecel, tăiați în felii subțiri
3,5 uncii de creveți, capul și coada îndepărtate, devenați
4,5 uncii scoici proaspete sau congelate, curățate
1 ceapă, tocată

DIRECTII
1. Puneți două oale pe aragaz, una cu apă pentru tăiței și încălziți până dă în clocot. Celălalt folosește o oală mare și adaugă bulionul de varec sau apă și se aduce la fierbere.
2. Gătiți tăiteii timp de 3 minute, strecurați și clătiți când sunt gata și puneți pe o parte.
3. În oala principală adăugați morcovii, ciupercile și dovleceii, gătiți timp de 2 minute, apoi puneți scoicile și creveții pentru încă 2 minute.
4. La sfârșit, adăugați tăiteii și amestecați.
5. Odată fierbinte se servește în boluri.
6. Notă. Dacă folosiți apă în loc de stoc adăugați suplimentar sos de soia și condimente pentru un plus de gust.

10. Supă de ceafă de porc

Timp de pregătire: 120 de minute
Timp de preparare: 120 minute
Porții: 4 persoane

INGREDIENTE
1 ceapa mica
ceafă de porc de 3 kg
10 boabe de piper negru
1 bucată de mărimea degetului mare ghimbir proaspăt, decojit
3 linguri pudră de semințe de perilla
10 catei de usturoi
3 linguri vin de orez
1 lingurita de ghimbir macinat
3 linguri pudră de ardei roșu coreean-american
3 linguri sos de peste
4 cartofi mici cremosi, curatati de coaja
1 legătură de varză chinezească sau bok choy
5 ceai, tocat
Condimente după gust
10 frunze de perilla

DIRECTII

1. Puneți carnea de porc în apă și înmuiați timp de 120 de minute, curățați apa după 60 de minute.
2. Odată gata, puneți carnea într-o oală mare, acoperiți cu apă și încălziți până dă în clocot, lăsați să fiarbă 6 minute.
3. Acum strecurați apa și clătiți carnea cu apă rece.
4. Curățați oala, apoi adăugați din nou carnea și puneți suficientă apă doar pentru a o acoperi.
5. Puneți ceapa întreagă, 4 căței de usturoi, boabe de ghimbir și piper, încălziți până dă în clocot, reduceți focul la fiert și fierbeți timp de 90 de minute.
6. Intre timp, amestecati vinul de orez, pudra de seminte de perilla, ardeiul rosu, sosul de peste, 6 catei de usturoi si pudra de ghimbir.
7. Când sosul este amestecat bine, puneți deoparte.
8. Când este gata, scoateți carnea de porc din bulion și lăsați-o deoparte.
9. Scoateți ghimbirul, ceapa boabe de piper și usturoiul, acum întoarceți carnea de porc.
10. Puneți cartofii cu sosul și amestecați, asezonați și gătiți încă 20 de minute.
11. La sfârșit, puneți frunzele de perilla și varza, fierbeți timp de 2-3 minute.
12. Se serveste in boluri cu ceata si piper negru deasupra.

FORM PRINCIPAL

11. Gyeranbap cu alge prăjite

Portie 1

INGREDIENTE
- 1 cană de orez alb fiert, de preferință proaspăt
- 2 lingurite ulei de susan prajit
- ¾ linguriță de sos de soia, plus mai mult după gust
- 2 ouă mari
- 1 pachet (5 grame) de gim, zdrobit cu mâinile
- Capere, pentru servire
- Piper negru proaspăt măcinat

Instrucțiuni
a) Adăugați orezul într-un bol mediu și lăsați deoparte.
b) Într-o tigaie medie antiaderentă, încălziți uleiul de susan și sosul de soia la foc mare. Crapă în ouă. Reduceți focul dacă stropirea este prea mare, dar în rest doar gătiți până când albușurile s-au ascuțit, ușor crocant pe margini, iar zona albă din jurul gălbenușului nu mai este lichidă, aproximativ 1 minut (dacă tigaia este suficient de fierbinte; mai mult dacă nu este). De asemenea, sosul de soia ar fi trebuit să păteze albușurile și să fi barbotat, transformându-se într-o glazură lipicioasă.
c) Glisați ouăle prăjite peste orez, faceți un duș cu gim și ungeți cu câteva capere. Asezonați cu piper. Se amestecă totul împreună cu o lingură înainte de a degusta. Aici puteți ajusta pentru condimente, adăugând mai mult sos de soia după cum este necesar.

12. Carne de vită Bulgogi

Timp de pregătire: 10 minute
Timp de preparare: 5 minute
Porții: 4 persoane

INGREDIENTE
- 2 ½ linguri de zahăr alb
- 1 kg friptură de flanc, feliată subțire
- ¼ cană de ceai verde, tocat
- 5 linguri sos de soia
- 2 linguri de usturoi tocat
- ½ lingurita piper negru macinat
- 2 linguri ulei de susan
- 2 linguri de seminte de susan

DIRECTII
a) Puneți carnea într-un vas cu fețe joase.
b) Amestecă într-un castron zahărul, usturoiul, sosul de soia, semințele de susan și uleiul, cu ceaiul verde și piperul negru.
c) Stropiți peste carnea de vită și acoperiți vasul apoi odihniți-vă timp de 60 de minute, cu cât mai mult, cu atât mai bine chiar peste noapte, la frigider.
d) Când este gata, încălziți grătarul sau grătarul și ungeți grătarul.
e) Odată fierbinte carnea la grătar timp de 2 minute pe fiecare parte și servire.

13. Coaste scurte la grătar coreean-american

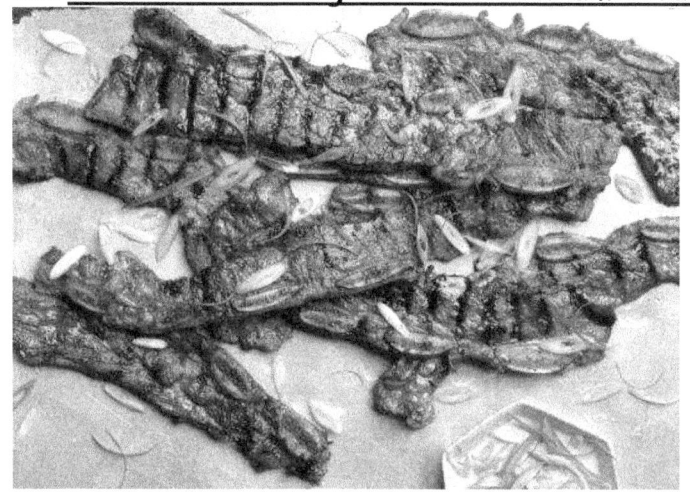

Timp de pregătire: 15 minute
Timp de preparare: 10 minute
Porții: 5 persoane

INGREDIENTE
- 3 linguri de otet alb
- ¾ cană sos de soia
- ¼ cană zahăr brun închis
- ¾ cană apă
- 1 lingura piper negru
- 2 linguri zahar alb
- ¼ cană usturoi tocat
- 3 kilograme de coaste scurte în stil coreean-american, tăiate peste oase
- 2 linguri ulei de susan
- ½ ceapă mare, tocată

DIRECTII
a) Amestecați oțetul, sosul de soia și apa într-un bol de sticlă sau din inox.
b) Acum se bate cele două zaharuri, uleiul, ceapa, ardeiul și usturoiul, bateți până când zaharurile s-au topit.
c) Puneti coastele in sos si acoperiti cu folie alimentara, dati la frigider pentru minim 7 ore.
d) Încălzește grătarul de grădină când este gata de gătit.
e) Scoateți coastele din marinadă și puneți la grătar timp de 6 minute pe ambele părți, pregătiți-le când este gata.

14. Pui coreean-american

Timp de pregătire: 45 de minute
Timp de preparare: 20 de minute
Porții: 4 persoane

INGREDIENTE
- 2 linguri de seminte de susan
- 1 - 3 kilograme de pui întreg
- $\frac{1}{8}$ linguriță sare
- $\frac{1}{4}$ cană sos de soia
- 1 ceapă, tocată
- $\frac{1}{8}$ linguriță piper negru măcinat
- 1 catel de usturoi
- 1 lingura zahar alb
- 1 lingurita unt de arahide
- 1 lingurita glutamat monosodic

DIRECTII
a) Luați puiul de pe oase folosind un cuțit ascuțit.
b) Tăiați carnea în felii groase de $\frac{1}{8}$ inci, de 2 inci pătrați, puneți carnea într-un castron cu sosul de soia.
c) Prăjiți semințele de susan într-o tigaie uscată, puneți-le într-un castron de lemn când încep să explodeze și adăugați sare.
d) Apoi, zdrobiți semințele cu dosul lingurii.
e) Odată ce devine fin adăugați usturoiul, ardeiul, zahărul, ceapa, monosodul și uleiul se amestecă bine.
f) Se amestecă puiul cu sosul de soia și se lasă la marinat 30 de minute.
g) Folosiți aceeași tigaie ca mai devreme și prăjiți la o temperatură scăzută acoperită.
h) Când devine fraged, este gata, poate aveți nevoie de puțină apă pentru a-l menține umed în timpul gătirii.

15. Friptură coreeană-americană

Timp de pregătire: 20 de minute
Timp de preparare: 10 minute
Porții: 6 persoane

INGREDIENTE
- 5 linguri de zahar alb
- File de scotch de 2 kg, feliat subțire
- 2 ½ linguri de seminte de susan
- ½ cană sos de soia
- 2 catei de usturoi, macinati
- 2 linguri ulei de susan
- 5 linguri mirin, vin dulce japonez
- 3 salote feliate subtiri

DIRECTII
a) Amestecați semințele de susan și uleiul, usturoiul, sosul de soia, șalota, zahărul și mirinul.
b) Se pune carnea în sos și se amestecă în carne, se acoperă și se dă la frigider pentru 12 ore.
c) Când este gata, încălziți o tigaie la foc mediu și prăjiți carnea timp de 6-8 minute, sau până când este gătită.
d) Preparați cu orez prăjit sau salată.

16. Fidea Chap Chee

Timp de pregătire: 35 de minute
Timp de preparare: 20 de minute
Porții: 4 persoane

INGREDIENTE

- 2 ceai, tocate fin
- 1 lingura sos de soia
- 1 lingurita de seminte de susan
- 1 lingura ulei de susan
- 1 catel de usturoi, tocat
- ¼ lingurita piper negru
- 2 linguri ulei vegetal
- 1 lingurita zahar
- ½ cană morcovi tăiați felii subțiri
- ¼kg de mușchi de vită, feliată subțire
- ¼ de kilogram de varză Napa, feliată
- 3 uncii tăiței din celofan, înmuiați în apă caldă
- ½ cană de muguri de bambus feliați
- 2 cani de spanac proaspat, tocat
- 1 lingura zahar
- ¼ lingurita piper negru
- 2 linguri sos de soia
- ½ lingurita sare

DIRECTII

a) Folosind un castron mare, amestecați uleiul de susan și semințele, ceapă verde 1 lingură sos de soia, linguriță zahăr, usturoi și ¼ linguriță de piper.
b) Se amestecă carnea de vită și se lasă 15 minute în cameră.
c) Puneți o tigaie mare sau un wok dacă aveți una de încălzit cu puțin ulei.
d) Prăjiți carnea de vită până devine maro, apoi adăugați varza, morcovii, bambusul și spanacul, amestecând bine.
e) Apoi amestecați tăițeii, 1 lingură de zahăr, piper, sare și 2 linguri de soia.
f) Se amestecă bine și se reduce focul, gătind până când este fierbinte.

17. Carne de porc marinată condimentată coreean-americană

Timp de pregătire: 45 de minute
Timp de preparare: 15 minute
Porții: 8 persoane

INGREDIENTE
- ½ cană de pastă de ardei iute coreeano-american
- ¼ cană oțet de vin de orez
- 3 linguri de usturoi tocat
- 2 linguri sos de soia
- 2 linguri fulgi de ardei rosu
- 3 linguri de zahar alb
- ½ lingurita piper negru
- 3 linguri de ghimbir proaspăt tocat
- 3 ceai, tăiați în lungimi de 2 inci
- 1 – bucată de 2 kg de carne de porc, tăiată în felii groase de ¼ inch
- ½ ceapă galbenă, tăiată în inele groase de ¼ inch
- ¼ cana ulei de canola

DIRECTII
a) Amestecați soia, usturoiul, fulgii de ardei roșu, zahărul, ceaiul verde, oțetul, pasta de ardei, ghimbirul, ceapa galbenă și piperul negru.
b) Odată bine amestecat adăugați carnea de porc feliată și ungeți sosul peste carnea de porc, acoperind bine.
c) Se pune intr-o punga Ziploc si se lasa la frigider 3 ore.
d) Când este gata de gătit, adăugați uleiul într-o tigaie și prăjiți-l în șarje la foc mediu.
e) Cand devine, auriu si nu mai este roz la mijloc, asezati pe platouri.
f) Se serveste cu orez si salata.

18. Friptură de flanc marinată coreeano-americană

Timp de pregătire: 15 minute
Timp de preparare: 15 minute
Porții: 6 persoane

INGREDIENTE
- 1 ceapa, tocata grosier
- 4 catei de usturoi
- 2 ½ căni de sos de soia cu conținut scăzut de sodiu
- 1 lingurita de ghimbir proaspat tocat
- ¼ cană ulei de susan prăjit
- 2 linguri de fragezant pentru carne neasezonata
- 2 kilograme de friptură de vită, tăiată
- 3 linguri sos Worcestershire
- 1 cană zahăr alb

DIRECTII
a) Puneți ghimbirul, usturoiul și ceapa într-un blender, adăugați acum uleiul de susan, zahărul, sosul de soia, frăgezitorul și Worcestershire, bateți până la omogenizare.
b) Când este gata, adăugați sosul în punga sau bolul Ziploc, dacă nu aveți unul.
c) Se intaie carnea cu un cutit si se pune in marinada, se lasa la frigider peste noapte.
d) Încălziți grătarul exterior și gătiți friptura timp de 5-6 minute pe fiecare parte sau mai mult, dacă doriți.
e) Servi.

19. Cotlete dulci de miel la gratar cu condimente

Timp de pregătire: 15 minute
Timp de preparare: 10 minute
Porții: 4 persoane

INGREDIENTE
- 1 lingură pasta de soia coreeană-americană
- 2 uncii fluide de dragul
- 2 linguri mirin
- 1 ¼ uncie pastă de chili coreeano-americană
- 1 lingura sos de soia
- 1 lingura miere
- 1 lingura ulei de susan
- 16 cotlete de miel tăiate franțuzești
- 1 ½ linguriță fulgi de chili coreean-american
- Seminte de susan pentru servire
- Ulei pentru gătit

DIRECTII
a) Folosind un castron, amestecați pasta de fasole, sake-ul, sosul de soia, mierea, pasta de chili, mirinul, uleiul de susan și fulgii de chili până devine omogen.
b) Puneți mielul și ungeți sosul peste ele.
c) Puneți folie alimentară peste bol și lăsați la frigider pentru minim 4 ore.
d) Când este gata de gătit, aprindeți grătarul de carbon și ungeți grătarele.
e) Acoperiți oasele de miel în folie pentru a nu se arde.
f) Gatiti aproximativ 6-8 minute, intoarcendu-le la jumatatea fierberii.
g) Se aseaza pe platourile de servire si se termina cu un pudrat de seminte de susan.

20. Pulpe de pui fript coreean-american

Timp de pregătire: 10 minute
Timp de preparare: 60 de minute
Porții: 8 persoane

INGREDIENTE
- ½ cană de ceai verde tocat
- 8 pulpe de pui, pe piele
- 3 linguri ulei de susan
- ½ cană sos de soia
- 2 lingurite de usturoi tocat
- ¼ lingurita piper negru
- 3 linguri miere
- ¼ linguriță de ghimbir măcinat

DIRECTII
a) Încălziți aragazul la 375°F.
b) Adăugați puiul cu pielea în jos într-un vas de friptură.
c) Amestecați restul ingredientelor într-un castron.
d) Se toarnă sosul deasupra puiului și se pune la cuptor.
e) Gătiți la cuptor fără capac timp de 45 de minute.
f) Acum întoarceți puiul și gătiți încă 15 minute.
g) Serviți o dată gătită.

21. Pui și cartofi picant coreean-american

Timp de pregătire: 15 minute
Timp de preparare: minute
Porții: 4 persoane

INGREDIENTE

- 2 morcovi, tăiați în bucăți de 2 inci sau folosiți 10 morcovi întregi
- 2 ½ kilograme de pulpe de pui sau bucăți de pui
- 1 ceapă mare, tăiată în 8
- 2 cartofi mari, tăiați cubulețe mari
- 1 ardei gras verde taiat cubulete
- ½ cană apă
- 2 linguri zahar alb
- 4 catei de usturoi, tocati
- ½ cană sos de soia
- 1 lingurita de ghimbir proaspat
- 3 linguri pasta de ardei rosu coreean-american sau alt sos iute

DIRECTII

a) Adăugați puiul, ceapa, cartofii, ghimbirul, morcovii, usturoiul și zahărul într-o oală și încălziți, amestecați împreună.
b) Adăugați sosul de soia cu apa, apoi amestecați pasta de ardei.
c) Se încălzește până când începe să fiarbă, acum reduceți focul și gătiți la foc mic timp de 45 de minute.
d) Scoateți când sucul de pui este limpede.
e) Sosul se va ingrosa pe masura ce incepe sa se raceasca.

FIDEI

22. Salată cu fidea de fasole mung

Timp de pregătire: 15 minute
Timp de preparare: 5 minute
Porții: 4 persoane

INGREDIENTE

1 morcov, ras subțire
½ cană pudră de fasole mung
1 castravete libanez, ras subțire
1 lingura ulei de susan
1 chili roșu lung, feliat subțire
2 cani de mizuna sau andive crete
Pentru pansament
1 lingurita de seminte de susan, prajite
2 linguri sos de soia
2 lingurițe de sirop ușor de porumb sau miere
1 lingurita ulei de susan
1 lingura de orez brun sau otet alb
2 lingurite de zahar tos
1 linguriță pudră de chili coreean-american
1 felie de ceapă subțire

DIRECTII

1. Adăugați pudra de fasole la 2 ¾ căni de apă, amestecați bine și lăsați 60 de minute pe o parte.
2. Când este gata, adăugați amestecul într-o tigaie și încălziți până când începe să fiarbă, amestecând tot timpul pentru a preveni arderea.
3. Când fierbe reduceți focul și gătiți timp de 2 minute.
4. Odată ce devine gros, amestecați uleiul de susan și 1 linguriță de sare.
5. Luați de pe foc și turnați amestecul într-o formă de tort unsă cu uns, 8 inci în jur.
6. Se da la frigider pana devine ferm, in jur de 60 de minute.
7. Odată ce sunt fermi, tăiați în fâșii lungi și subțiri, astfel încât tăițeii sunt lăsați deoparte când sunt gata.
8. În continuare, puneți toate ingredientele pentru dressing într-un bol și amestecați bine.
9. Adăugați mizuna, castravetele, tăițeii de fasole, chili și morcovul, amestecați ușor împreună.
10. Serveste.

23. Vermicelli de cartofi dulci și carne de vită

Timp de pregătire: 15 minute
Timp de preparare: 10 minute
Porții: 4 persoane

INGREDIENTE

- 2 linguri ulei de susan
- ½ kg file de ochi de vită, feliat subțire
- 2 catei de usturoi, feliati subtiri
- ⅓ cană sos de soia
- 1 lingura zahar tos
- 1 ½ cană de ciuperci asiatice amestecate
- 5 ciuperci shiitake uscate
- 2 linguri ulei vegetal
- 1 morcov, ras
- 2 cepe, tăiate felii subțiri
- 1 lingura de seminte de susan prajite
- ¼ de kilogram de vermicelli de cartofi dulci sau de vermicelli de fasole mung, fierte și scurse
- 3 căni de spanac baby, numai frunze

DIRECTII

a) Adăugați carnea de vită într-un castron cu sosul de soia, zahărul, 2 lingurițe ulei de susan și usturoi, puneți folie alimentară deasupra și puneți la frigider pentru 30 de minute.

b) În timp ce așteptați, înmuiați ciupercile uscate timp de 30 de minute în apă clocotită, odată gata se scurg și se feliază.

c) Apoi, puneți 1 lingură de ulei vegetal într-o tigaie sau un wok cu părțile înalte.

d) Odată fierbinte se pun amestecul de ciuperci, 1 linguriță de ulei de susan și ciupercile shiitake, se prăjesc 3 minute amestecând, apoi se condimentează.

e) Acum scurgeți carnea de vită și păstrați marinada pe o parte.

f) Reîncălziți tigaia sau wok-ul cu 1 linguriță de ulei de susan și restul de ulei vegetal.

g) Prăjiți ceapa timp de 3-5 minute până devine aurie apoi puneți morcovii până se înmoaie.

h) Pune carnea de vită, gătind încă 2-3 minute.

i) Acum adăugați tăițeii, toate ciupercile, spanacul și restul de ulei de susan.

j) Se toarnă marinada și se fierbe încă 2 minute.

k) Odată ce totul este fierbinte, gătiți preparatul și terminați cu semințele deasupra.

24. Taitei reci picante

Timp de pregătire: 15 minute
Timp de preparare: 10 minute
Porții: 4 persoane

INGREDIENTE
- 2 catei de usturoi, macinati
- 3 linguri gochujang coreean-american, o pastă iute condimentată
- 1 bucată de ghimbir proaspăt, decojit și ras
- $\frac{1}{4}$ cană oțet de vin de orez
- 1 lingurita ulei de susan
- 4 ridichi, feliate subțiri
- 2 linguri sos de soia
- 4 ouă, poșate moi
- 1 $\frac{1}{2}$ cană de tăiței de hrișcă, fierți, scurși și împrospătați
- 1 castravete telegraf, tăiat în bucăți mari
- 2 lingurite, 1 din fiecare seminte de susan alb si negru
- 1 cană de kimchi

DIRECTII
1. Adăugați într-un castron sosul iute, usturoiul, sosul de soia, ghimbirul, oțetul de vin și uleiul de susan și amestecați.
2. Puneți tăițeii și amestecați bine, asigurându-vă că sunt acoperiți în sos.
3. Puneți în bolurile de servire, acum adăugați în fiecare ridiche, kimchi, ou și castraveți.
4. Terminați cu o prăfuire a semințelor.

25. Taitei cu sos de fasole neagra

Timp de pregătire: 30 de minute
Timp de preparare: 25 minute
Porții: 3 persoane

INGREDIENTE
- 1 cană de dovlecel, tăiat în bucăți de $\frac{1}{2}$ inch
- $\frac{1}{2}$ kg de burtă de porc, tăiată cubulețe de $\frac{1}{2}$ inch
- 1 cană de cartof, decojit și tăiat cubulețe de $\frac{1}{2}$ inch
- 1 cană ridichi sau daikon coreean-american, tăiate cubulețe de $\frac{1}{2}$ inch
- 1 $\frac{1}{2}$ cană ceapă, tocată grosier
- 2 linguri de pudră de amidon de cartofi amestecată cu $\frac{1}{2}$ cană de apă
- 3 linguri ulei vegetal
- 1 lingurita ulei de susan
- 1 plus $\frac{1}{4}$ cană de pastă de fasole neagră
- $\frac{1}{2}$ cană de castraveți, feliați subțiri, ca niște bețișoare de chibrit
- Apă
- Fidea sau orez pentru servire

DIRECTII

a) Adăugați 1 lingură de ulei vegetal într-o tigaie adâncă sau într-un wok și încălziți.
b) Odată fierbinte prăjiți carnea de porc până devine aurie și crocantă, aproximativ 5 minute, amestecați în timp ce prăjiți.
c) Odată gata se ia excesul de grăsime de porc, se pune acum ridichea și se mai fierbe 1 minut.
d) Următoarea picătură de ceapa, cartofii și dovleceii se amestecă și se prăjesc încă 3 minute.
e) Acum, împingeți toate Ingredientele până la marginea wok-ului și puneți în mijloc, 2 linguri de ulei vegetal, adăugați $\frac{1}{4}$ de cană de pastă de fasole neagră, amestecați apoi amestecați totul de la margini.
f) Turnați 2 căni de apă, acoperiți wok-ul și gătiți timp de 10 minute.
g) Testați că legumele sunt fierte, dacă este așa adăugați apa cu amidon și amestecați până devine groasă.
h) La sfârșit puneți semințele de susan și luați de la căldură.
i) Serviți cu orez sau tăiței.

26. Bol cu tăiței de pui coreean-american

Timp de pregătire: 30 de minute
Timp de preparare: 10 minute
Porții: 4 persoane

INGREDIENTE

1 - 1 inch bucată de ghimbir proaspăt, ras
¼ cană tamari, sos de soia închis
1 kilogram spaghete din grâu integral
Condimente după gust
2 catei mari de usturoi, rasi
2 linguri pasta de rosii
1 lingura ulei de susan
3 linguri de miere, sau sirop de agave
2 linguri otet de vin de orez
2 linguri pasta de rosii
2 linguri ulei vegetal
¼ varză mică, mărunțită fin
1 legătură de ceai verde, tăiat în unghi
1 lingurita sos iute
Seminte de susan prajite pentru finisare
1 kilogram de pulpă sau piept de pui, cu os și fără piele, tăiat în fâșii
½ ardei gras roșu, tăiat cubulețe sau felii

DIRECTII

1. Încălziți o oală cu apă clocotită cu sare și gătiți pastele, păstrându-le ușor crocante, nu ude.
2. Intre timp adaugam intr-un blender ghimbirul, usturoiul, putina apa clocotita, sare, otetul, mierea, uleiul de susan, tamari, sosul iute si pasta de rosii, paseaza pana se omogenizeaza.
3. Adăugați uleiul vegetal în wok sau tigaie și încălziți.
4. Odată fierbinți, prăjiți fâșiile de pui până devin aurii în jur de 3 minute, acum adăugați ardeiul gras și varza pentru încă 2 minute.
5. Următoarea picătură în sosul și ceaiurile fierte încă 1 minut.
6. Așezați puiul peste tăiței și terminați cu semințele deasupra.
7. Se servește cu sos extra iute dacă se dorește.
8. Această rețetă poate fi folosită cu carne de porc dacă este necesar.

27. Taitei picante cu ou si castraveti

Timp de pregătire: 10 minute
Timp de preparare: 5 minute
Porții: 4 persoane

INGREDIENTE
1 lingură pudră de chili coreean-american
1 ½ cană de kimchi, tocat
1 ½ cană de oțet de orez brun
2 linguri pasta de chili
2 linguri de zahar tos
1 lingura ulei de susan
¼ de liră fidea myeon
1 lingura sos de soia
½ cană de varză sau salată verde tăiată felii subțiri
1 castravete, feliat subțire, fără piele
2 ouă fierte tari, tăiate la jumătate

DIRECTII
1. Folosind un castron, amestecați pasta de chili, sosul de soia, kimchi, oțetul de orez, pudra de chili cu ulei de susan și zahărul și puneți pe o parte.
2. Puneți tăițeii în apă clocotită și gătiți timp de 3-4 minute, odată ce sunt fragezi se împrospătează sub jet de apă rece și se scurg.
3. Puneți tăițeii reci sau rece în vasul care conține sosul și amestecați.
4. Puneți tăițeii în bolurile de servire și acoperiți cu castraveți tăiați felii, 1 frunză de susan, varză sau salată verde și terminați cu jumătate de ou.

28. Taitei rece coreeano-americani

Timp de pregătire: 15 minute
Timp de preparare: 10 minute
Porții: 2 persoane

INGREDIENTE
- 2 cesti supa de vita
- ¼ de liră tăiței de hrișcă, naengyun nu soba sau memil gooksu
- 1 lingura zahar brun de orez
- 2 cani supa de pui, nesarata
- 1 lingura otet de orez brun
- 1 pară asiatică mică, feliată în felii foarte subțiri
- 2 linguri zahar alb
- ½ castravete coreean-american, fără semințe și tăiat în fâșii subțiri
- 1 ou fiert tare
- Cuburi de gheață de servit
- ¼ cană ridiche murată
- Piept fiart feliat subțire sau tulpină de vită

DIRECTII
a) Amestecați bulionul de vită și pui, apoi adăugați oțetul și corectați condimentele.
b) Pune amestecul la frigider să se odihnească timp de 30 de minute.
c) Intre timp gatiti taiteii conform instructiunilor de pe pachet, in apa clocotita.
d) Odată gata, împrospătați sub jet de apă rece și scurgeți.
e) Puneți tăiței în bolurile de servire.
f) Acum puneți o oală peste bulion liber și puneți cuburi de gheață pentru a acoperi tăițeii.

29. Salată picantă de melci coreean-american

Timp de pregătire: 20 de minute
Timp de preparare: 10 minute
Porții: 3-4 persoane

INGREDIENTE
- ½ ceapă, feliată subțire
- 1 cutie mare sau 2 mici golbanygi, melci de mare
- ½ morcov tăiat în bețe de chibrit
- ¼ de varză, feliată subțire
- 1 castravete mic, feliat subțire în unghi
- 2 linguri de fulgi de chili coreeano-american
- 1 catel de usturoi, tocat fin
- 2 linguri otet de vin de orez
- 2 linguri de pasta de chili coreeano-american
- 1 lingură extract de prune coreean-americane
- 1 ceapă, tocată
- 1 lingura zahar
- 1 lingura de seminte de susan prajite
- Fidea subțire de grâu coreean-american sau vermicelli

DIRECTII

a) Scurgeți melcii de mare, dar păstrați 1 lingură de suc, dacă bucățile sunt mari tăiate în jumătate.
b) Folositi un castron mare si adaugati morcovii, varza, castravetele, melcii si ceapa, puse deoparte.
c) Apoi, luați un castron mai mic și amestecați pasta de chili, zahărul, usturoiul, fulgii de chili, extractul de prune, oțetul, sucul de melc și semințele de susan pentru sos.
d) Puneti peste legume si amestecati bine, puneti la frigider in timp ce gatiti taiteii.

5. Adăugați tăițeii în apă clocotită și gătiți conform instrucțiunilor de pe pachet.

6. Când este gata, împrospătați sub jet de apă și scurgeți.

7. Când este gata de servire, amestecați cele două împreună și savurați.

30. Taitei Soba picante

Timp de pregătire: minute
Timp de preparare: minute
Porții: 8-10 persoane

INGREDIENTE
- ½ ridiche sau daikon coreean-american, tăiate în fâșii de 2 inchi, ½ inch lățime
- 1 pachet taitei soba coreeano-americani
- 1 lingura sare
- 1 castravete asiatic, tăiat în jumătate, fără semințe și feliat în unghi
- 2 linguri de otet
- 4 ouă fierte, tăiate la jumătate
- 2 linguri de zahar

PENTRU SOS
- ¼ cană sos de soia
- ½ ceapă medie, curățată și tăiată cubulețe
- ½ cană apă
- 1 catel de usturoi
- ½ mar, curatat de coaja si taiat cubulete
- 3 linguri de apa sau suc de ananas
- 3 felii de ananas egale cu marul
- ⅓ cană de zahăr brun
- 1 cană fulgi de chili coreean-american
- 3 linguri miere
- ¼ cană zahăr alb
- ½ lingurita de ghimbir pudra
- 1 lingura de seminte de susan prajite
- 1 lingurita sare
- 2 linguri ulei de susan
- 1 lingurita mustar coreano-american sau Dijon

DIRECTII

a) Făcând sosul amestecați într-o tigaie sosul de soia cu $\frac{1}{2}$ cană de apă și fierbeți.
b) Odată ce a dat în clocot, luați focul și lăsați pe o parte.
c) Adăugați ceapa, usturoiul, mărul, ananasul și 3 linguri de apă sau suc la blender, pulsați până se obține un piure.
d) Se amestecă amestecul de piure în sosul de soia și se adaugă restul de ingrediente ale sosului.
e) Se toarnă amestecul într-un recipient ermetic și se pune la frigider pentru 24 de ore.
f) Puneți zahărul, ridichea, sarea și oțetul împreună într-un bol și lăsați-l să se odihnească 15-20 de minute, după ce se stoarce excesul de lichid din amestec.
g) Puneți tăițeii în apă clocotită și gătiți conform instrucțiunilor, odată ce s-au împrospătat sub apă rece.
h) La servire se adauga taiteii in platouri, se pune peste 3 linguri de sos si se termina cu ridichi si castraveti deasupra.
i) Daca taiteii sunt lungi pot fi taiati cu foarfecele.

31. Taitei coreean-americani cu legume

Timp de pregătire: 15 minute
Timp de preparare: 20 de minute
Porții: 4 persoane

INGREDIENTE

3 linguri ulei de susan asiatic
6 uncii tăiței subțiri de fasole
3 linguri de zahar
½ cană de tamari
1 lingura ulei de sofran
1 lingura de usturoi tocat
3 morcovi medii, tăiați în bețișoare de chibrituri ⅛ groase
3 cesti baby spanac
1 ceapă medie, tăiată în ⅛ felii
¼ de kilogram de ciuperci, feliate în ⅛ felii

DIRECTII

1. Puneți tăițeii în apă și înmuiați timp de 10 minute pentru a se înmuia, apoi scurgeți.
2. Adăugați tăițeii în apă clocotită timp de 2 minute, după ce devin fragezi, scurgeți și împrospătați sub apă rece.
3. Puneți zahărul, uleiul de susan și usturoiul într-un blender și bateți până se omogenizează.
4. Adăugați apoi uleiul într-o tigaie de 12 inci, odată ce începe să fumeze, adăugați morcovii cu ceapa și prăjiți timp de 3 minute.
5. Acum adăugați ciupercile pentru încă 3 minute, amestecați spanacul timp de 30 de secunde, urmat de tăiței.
6. Stropiți amestecul de tamari și amestecați.
7. Reduceți căldura și gătiți la foc mic timp de 4 minute.
8. Serviți cald sau rece.

MÂNCĂ DE STRADA ȘI SNACK-URI

32. Hotteok cu legume si taitei

Timp de pregătire: 30 de minute
Timp de preparare: 5 minute
Porții: 10 persoane

INGREDIENTE
PENTRU ALUAT
- 2 lingurite drojdie uscata
- 1 cană de apă caldă
- $\frac{1}{2}$ lingurita sare
- 2 căni de făină universală
- 2 linguri de zahar
- 1 lingura ulei vegetal

PENTRU Umplutura
- 1 lingura zahar
- 3 uncii taitei de amidon de cartofi dulci
- $\frac{1}{4}$ lingurita piper negru macinat
- 2 linguri sos de soia
- 3 uncii de arpagic asiatic, tăiat mărunt
- 1 ceapă medie, tăiată cubulețe mici
- 1 lingurita ulei de susan
- 3 uncii morcov, tăiat cubulețe mici
- Ulei pentru gătit

DIRECTII
a) Pentru a face aluatul, amestecați într-un castron zahărul, drojdia și apa călduță, amestecați până se topește drojdia, acum amestecați 1 lingură de ulei vegetal și sare, amestecați bine.

b) Se amestecă făina și se amestecă într-un aluat, odată ce este omogen, se lasă să se odihnească 1 $\frac{1}{4}$ de oră pentru a crește, elimină orice aer în timp ce crește, se acoperă și se lasă deoparte.

c) Între timp, fierbeți o oală cu apă și gătiți tăițeii, amestecați din când în când, gătiți timp de 6 minute cu capac.
d) Reîmprospătați sub apă rece când devin fragede, apoi scurgeți.
e) Tăiați-le în bucăți de ¼ inch, folosind foarfecele.
f) Adăugați 1 lingură de ulei într-o tigaie mare sau wok și prăjiți tăițeii timp de 1 minut, acum adăugați zahăr, sosul de soia și piper negru, în timp ce amestecați.
g) Adăugați arpagicul, morcovul și ceapa și amestecați bine.
h) Luați focul când este gata.
i) Apoi, puneți 1 lingură de ulei într-o altă tigaie și încălziți, odată fierbinte, reduceți focul la mediu.
j) Ungeți-vă mâna cu ulei, luați ½ cană din aluat și presați într-o formă rotundă.
k) Acum adăugați niște umplutură și pliați marginile într-o bilă, sigilând marginile.
l) Puneți-l în tigaie cu capătul sigilat în jos, gătiți timp de 30 de secunde, apoi întoarceți-l și comprimați-l astfel încât să devină rotund de aproximativ 4 inci, faceți acest lucru cu o spatulă.
m) Gatiti inca 2-3 minute, pana devine crocant si auriu peste tot.
n) Se aseaza pe hartie de bucatarie pentru a indeparta excesul de grasime si se repeta cu restul de aluat.
o) Se serveste fierbinte.

33. Pâine cu ou

Timp de pregătire: 10 minute
Timp de preparare: 15 minute
Porții: 3 persoane

INGREDIENTE
- 3 linguri de zahar
- 1 lingurita praf de copt
- 1 lingura unt nesarat, topit
- ½ cană făină universală
- Putina sare
- ½ linguriță extract de vanilie
- 4 ouă
- 1 baton de branza mozzarella, taiata in 6 bucati
- ½ cană lapte
- 1 lingurita ulei de gatit

DIRECTII
a) Amestecați sarea, făina, zahărul, untul, vanilia, 1 ou, praful de copt și laptele, bateți până devine omogen
b) Încălziți aragazul la 400 °F și ungeți 3 forme mici de pâine cu ulei, formele ar trebui să aibă aproximativ 4 × 2 × 1 ½ inci.
c) Turnați aluatul în forme în mod egal, umplându-le pe jumătate.
d) Puneți 2 bucăți de brânză în amestec în jurul exteriorului lăsând mijlocul limpede.
e) Apoi spargeți 1 ou în centrul fiecărei forme.
f) Gătiți la cuptor, folosind grătarul din mijloc, timp de 13-15 minute, în funcție de cum vă place oul fiert.
g) Luați când este gata și serviți fierbinte.

34. Tort de orez fierbinte si picant

Timp de pregătire: 10 minute
Timp de preparare: 30 minute
Porții: 4-6 persoane

INGREDIENTE
- 4 căni de apă
- 6×8-inch varec uscat
- Tort de orez în formă de cilindru de 1 kg
- 7 hamsii mari, curatate
- ⅙cană de pastă de ardei iute coreeano-american
- 3 ceai, tăiați în lungimi de 3 inci
- 1 lingura zahar
- prăjituri de pește de ½ kg
- 1 lingură fulgi de ardei iute
- 2 oua fierte tari

DIRECTII
a) Puneți varecul și anșoa într-o tigaie puțin adâncă cu apă și căldură, fierbinte timp de 15 minute fără capac.
b) Folosind un castron mic, amestecați fulgii de ardei și lipiți cu zaharul.
c) Scoateți varecul și anșoa din tigaie și puneți în prăjitură de orez, amestecul de ardei, ceapă verde, ouă și prăjituri de pește.
d) Stocul ar trebui să fie în jur de 2 căni și jumătate.
e) Pe măsură ce începe să fiarbă, amestecați ușor și lăsați-l să se îngroașe timp de 14 minute, acum ar trebui să arate strălucitor.
f) Adăugați puțină apă în plus dacă tortul de orez nu este fraged și mai gătiți puțin.
g) Odată gata stinge focul și servește.

35. Clătite coreean-americane cu fructe de mare

Timp de pregătire: 15 minute
Timp de preparare: 10 minute
Porții: 4-6 persoane

INGREDIENTE
PENTRU CLATITE
- 2 ouă medii
- 2 căni de amestec de clătite, coreean-american
- ½ lingurita sare
- 1 ½ cană apă
- scoici de 2 uncii
- 12 rădăcini medii de ceață, tăiate
- 2 uncii de calmar
- ¾ cană ulei vegetal
- 2 uncii de creveți, curățați și devenați
- 4 ardei iute medii, tăiați în unghi

PENTRU SOS
- 1 lingura otet
- 1 lingura sos de soia
- 4 ardei iute medii, tăiați în unghi
- ¼ lingurita de usturoi
- 1 lingura apa

DIRECTII

a) Adăugați puțină sare într-un vas cu apă și spălați și scurgeți fructele de mare, puneți pe o parte.

b) Apoi, amestecați împreună folosind un bol separat, apa, ardei iute roșu și verde, sosul de soia, usturoi și oțet, puse deoparte.

c) Folosind un alt castron, bateți ouăle, amestecul de clătite, apa rece și sarea până devine omogen.

d) Puneți o tigaie ungeți ușor și încălziți.

e) Folosiți o jumătate de cană de măsură și turnați amestecul în tigaia fierbinte.

f) Rotiți pentru a uniformiza amestecul, acum puneți deasupra 6 bucăți de ceai, adăugați ardeii iute și fructele de mare.

g) Apăsați ușor mâncarea în clătită, apoi adăugați încă o jumătate de cană din amestec deasupra.

h) Gatiti pana ce baza devine aurie, aproximativ 5 minute.

i) Acum răsturnați ușor clătitele, adăugând puțin ulei pe margine și gătiți încă 5 minute.

j) Odată gata răsturnați înapoi și scoateți din tigaie.

k) Faceți același lucru cu aluatul rămas.

36. Sandvișuri Bulgolgi vegan

Timp de pregătire: 20 de minute
Timp de preparare: 5-8 minute
Porții: 4 persoane

INGREDIENTE
- ½ ceapă medie, feliată
- 4 chifle mici pentru hamburger
- 4 frunze de salata rosie
- 2 căni bucle de soia
- 4 felii de brânză vegană
- Maioneza organica

PENTRU MARINATA
- 1 lingura ulei de susan
- 2 linguri sos de soia
- 1 lingurita de seminte de susan
- 2 linguri de agave sau zahăr
- ½ lingurita piper negru macinat
- 2 ceai, tocat
- ½ pară asiatică, tăiată cubulețe, dacă se dorește
- ½ lingură vin alb
- 1-2 ardei iute verzi coreean-americani, tăiați cubulețe
- 2 catei de usturoi, macinati

DIRECTII

a) Faceți buclele de soia conform instrucțiunilor de pe pachet.
b) Apoi, puneți toate ingredientele pentru marinată împreună într-un castron mare și amestecați pentru a forma sosul.
c) Scoateți apa din buclele de soia strângând ușor.
d) Adăugați bucle cu ceapa tăiată felii în amestecul de marinată și acoperiți peste tot.
e) Adăugați 1 lingură de ulei în tigaia fierbinte, apoi adăugați întregul amestec și prăjiți timp de 5 minute, până când ceapa și buclele sunt aurii și sosul se îngroașă.
f) Între timp, prăjiți chiflele de hamburger cu brânză pe pâine.
g) Ungeți maioneza, urmată de amestecul de bucle și terminați cu frunze de salată verde deasupra.

37. Tort coreean-american cu bacon și ouă

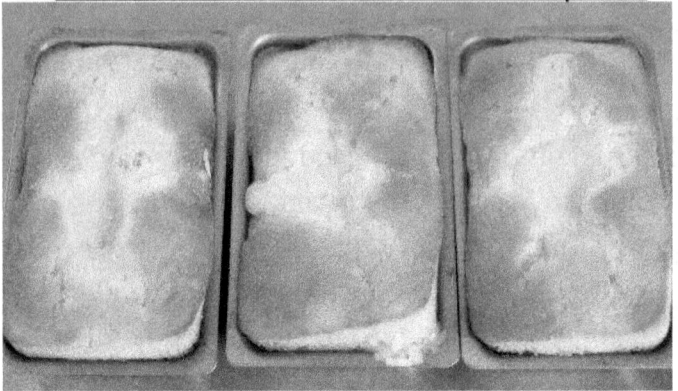

Timp de pregătire: 25 de minute
Timp de preparare: 15 minute
Porții: 6 persoane

INGREDIENTE

Pentru pâine
½ cană lapte
¾ de cană de făină auto-crescătoare sau de făină multiplă cu ¼ de linguriță de praf de copt
4 lingurite de zahar
1 ou
1 lingurita de unt sau ulei de masline
¼ lingurita sare
¼ lingurita esenta de vanilie
Pentru umplutură
1 felie de bacon
Sarat la gust
6 ouă

DIRECTII

1. Încălzește aragazul la 375F.
2. Se amestecă folosind un castron, ¼ de linguriță de sare, făină și 4 lingurițe de zahăr.
3. Spargeți oul în amestec și amestecați bine.
4. Toarnă încet laptele, câte o cantitate mică, până devine groasă.
5. Pulverizati o tava de copt, apoi puneti amestecul de faina peste tava modeland-o in 6 ovale sau puteti folosi pahare de hartie de tort.
6. Dacă modelați, faceți mici adâncituri în fiecare și spargeți un ou în fiecare gaură sau deasupra fiecărei cupe de tort.
7. Se toaca baconul si se presara peste fiecare, daca ai patrunjel la indemana adauga si putin.
8. Gătiți timp de 12-15 minute.
9. Scoateți și bucurați-vă.

38. Orez cu curry coreean-american

Timp de pregătire: 20 de minute
Timp de preparare: 30 minute
Porții: 4 persoane

INGREDIENTE
- 1 morcov mediu, decojit și tăiat cubulețe
- 7 uncii carne de vită, tăiată cubulețe
- 2 cepe, tocate
- 2 cartofi, curatati si taiati cubulete
- ½ linguriță de usturoi pudră
- Condimente după gust
- 1 dovlecel mediu, tăiat cubulețe
- Ulei vegetal pentru gătit
- 4 uncii amestec de sos de curry

DIRECTII
a) Pune puțin ulei într-un wok sau o tigaie adâncă și se încălzește.
b) Se condimentează carnea de vită și se pune uleiul, amestecând și gătind timp de 2 minute.
c) Apoi adăugați ceapa, cartofii, pudra de usturoi și morcovii, prăjiți încă 5 minute, apoi adăugați dovlecelul.
d) Se toarnă 3 căni de apă și se încălzește până când începe să fiarbă.
e) Reduceți focul și gătiți la foc mic timp de 15 minute.
f) Adăugați încet amestecul de curry până devine gros.
g) Puneti orezul peste orez si savurati.

39. Rulă de ouă de zebră

Timp de pregătire: minute
Timp de preparare: minute
Porții: 1 persoană

INGREDIENTE
- $\frac{1}{4}$ lingurita sare
- 3 oua
- Ulei pentru gătit
- 1 lingura de lapte
- 1 foaie de alge marine

DIRECTII
a) Rupeți foaia de alge marine în bucăți.
b) Acum spargeți ouăle într-un bol și adăugați sarea cu laptele, bateți împreună.
c) Pune o tigaie pe aragaz si incinge cu putin ulei, e mai bine daca ai o tigaie antiaderenta.
d) Turnați suficient ou pentru a acoperi doar baza tigaiei și apoi pudrați cu alge marine.
e) Odată ce oul este pe jumătate fiert, rulați-l și împingeți-l în lateralul tigaii.
f) Apoi ungeți din nou dacă este nevoie și reglați focul dacă este prea fierbinte, puneți un alt strat subțire de ou și pudrați din nou cu sămânța, acum rulați primul peste cea care se gătește și puneți-l pe cealaltă parte a cratiței.
g) Repetați acest lucru până când oul este terminat.
h) Întoarceți pe o placă și feliați.

40. Prăjituri cu nucă coreeano-americane

Timp de pregătire: 10 minute
Timp de preparare: 10 minute
Porții: 12 persoane

INGREDIENTE
- 1 cutie de fasole roșie azuki
- 1 cană amestec de clătite sau amestec de vafe
- 1 lingurita extract de vanilie
- 1 lingura zahar
- 1 pachet de nuci

DIRECTII
a) Faceți amestecul de clătite conform instrucțiunilor de pachet cu zahăr suplimentar.
b) Odată ce amestecul este gata, puneți într-un vas cu gura de scurgere.
c) Folosind 2 forme de chechelet daca nu ai poti folosi forme de briose, incalzim pe aragaz la foc mic, se vor arde la mare.
d) Adăugați amestecul în prima tavă, dar umpleți doar pe jumătate.
e) Adăugați rapid 1 nucă și 1 linguriță de fasole roșie în fiecare loc restul amestecului în cealaltă tavă.
f) Apoi răsturnați prima tavă peste cea de-a doua, aliniind formele, gătiți încă 30 de secunde, odată ce a doua tavă este gătită, luați focul.
g) Acum scoateți tava de deasupra și apoi scoateți prăjiturile pe platoul de servire.

41. Toast de stradă Sandvișuri

Timp de pregătire: 15 minute
Timp de preparare: 8 minute
Porții: 2 persoane

INGREDIENTE
- ⅔ cană de varză, tăiată în fâșii subțiri
- 4 felii de pâine albă
- 1 lingura de unt sarat
- ⅛ cană morcovi, tăiați în fâșii subțiri
- 2 oua
- ¼ lingurita zahar
- ½ cană de castraveți, feliați subțiri
- Ketchup după gust
- 1 lingura ulei de gatit
- Maioneza dupa gust
- ⅛ linguriță sare

DIRECTII

a) Într-un castron mare spargeți ouăle cu sare, apoi adăugați morcovii și varza, amestecând.
b) Puneți uleiul într-o tigaie adâncă și încălziți.
c) Adăugați jumătate din amestec în tigaie și faceți 2 forme de pâine, ținându-le separate.
d) Acum adăugați amestecul de ouă rămas peste cele 2 din tigaie, acest lucru va da o formă bună.
e) Gatiti 2 minute apoi intoarceti si gatiti inca 2 minute.
f) Se dizolvă jumătate din unt într-o tigaie separată, odată fierbinte puneți două dintre feliile de pâine și răsturnați astfel încât ambele părți să absoarbă untul, continuați să gătiți până devine auriu pe ambele părți, aproximativ 3 minute.

7. Repetați cu celelalte 2 felii.
8. Odată fiert, puneți pe platourile de servire și adăugați ½ zahăr la fiecare.
9. Luați amestecul de ouă prăjite și puneți pe pâine.
10. Adăugați castravetele și puneți ketchup-ul și maioneza.
11. Puneți cealaltă felie de pâine deasupra și tăiați-o în două.

42. Legume prăjite

Timp de pregătire: minute
Timp de preparare: minute
Porții: 15 persoane

INGREDIENTE
- 1 ardei iute roșu proaspăt, tăiat în jumătate de sus în jos
- 1 morcov mare decojit și tăiat în $\frac{1}{8}$ bastoane
- 2 ciorchini ciuperci enoki, separate
- 1 dovlecel, tăiat în $\frac{1}{8}$ bastoane
- 4 ceai, tăiați în lungimi de 2 inci
- 6 catei de usturoi, feliati subtiri
- 1 cartof dulce mediu, tăiat în bastoane
- 1 cartof mediu, tăiat în bastoane
- Ulei vegetal pentru prajit

PENTRU ALATĂ
- $\frac{1}{4}$ cană amidon de porumb
- 1 cană de făină universală
- 1 ou
- $\frac{1}{4}$ cană făină de orez
- 1 $\frac{1}{2}$ cană de apă rece cu gheață
- $\frac{1}{2}$ lingurita sare

PENTRU SOS
- 1 catel de usturoi
- $\frac{1}{2}$ cană sos de soia
- 1 ceapă
- $\frac{1}{2}$ linguriță de oțet de orez
- $\frac{1}{4}$ lingurita ulei de susan
- 1 lingurita zahar brun

DIRECTII

a) Pune o oală cu apă la fiert.
b) Se pun morcovii, si ambele tipuri de cartofi in apa, se ia de pe foc si se lasa 4 minute, apoi se scot din apa clatiti, se scurg si se usuca cu hartie de bucatarie.
c) Amestecați ceapa verde, dovlecelul, usturoiul și ardeiul roșu într-un castron și amestecați bine.
d) Pentru aluat amestecați toate ingredientele uscate.
e) Acum bateți apa și ouăle împreună, apoi adăugați la ingredientele uscate și amestecați bine într-un aluat.
f) Apoi, faceți sosul bătând împreună zahărul, oțetul, soia și uleiul de susan.
g) Ceapa verde și usturoiul tăiați mărunt, apoi amestecați în amestecul de soia.
h) Adăugați suficient ulei într-un wok sau într-o tigaie adâncă, uleiul ar trebui să fie de aproximativ 3 inci adâncime.
i) Odată ce uleiul este fierbinte, treceți legumele prin aluat, lăsați excesul să se scurgă, apoi prăjiți timp de 4 minute.
j) Se scurge si se usuca pe hartie de bucatarie cand este gata.
k) Serviți cu sosul.

DESERTURI

43. Clatite coreene-americane dulci

Timp de pregătire: 25 de minute
Timp de preparare: 6 minute
Porții: 8 persoane

INGREDIENTE
1 lingura zahar granulat
1 ¾ cană de făină de pâine
2 ¼ linguriță drojdie instant
1 ¼ cană de făină de orez dulce
1 lingura ulei vegetal
1 lingurita sare
5 linguri ulei, pentru prajit
1 ½ cană de lapte călduț
Pentru umplutură
1 lingurita scortisoara
⅔ cană de zahăr brun
2 linguri nuci tocate marunt, la alegere

DIRECTII

1. Folosind un castron mare, amestecați drojdia, făina, zahărul și sarea, amestecați bine.
2. Acum puneți 1 lingură de ulei în lapte și amestecați în amestecul uscat, bateți timp de 2 minute, apoi puneți o cârpă deasupra și lăsați-o în cameră timp de 60 de minute.
3. Odată ce și-a dublat dimensiunea, dă-l înapoi și odihnește-te din nou timp de 15 minute.
4. Între timp, amestecați ingredientele de umplutură și puneți pe o parte.
5. Împărțiți amestecul de aluat în 8 bucăți, ungeți-vă mâinile și puneți câte o bucată în mână și împingeți-l în jos pentru a forma un disc, de aproximativ 4 inci lățime.
6. Adăugați 1 ½ lingură de amestec de zahăr în mijloc, acum pliați marginile spre centru și sigilați.
7. Adăugați uleiul în tigaie și încălziți la o temperatură medie spre scăzută.
8. Puneți mingea în uleiul fierbinte cu partea etanșă în jos, apoi apăsați în jos pentru a se aplatiza, puteți folosi o spatulă pentru aceasta.
9. Dacă descoperiți găuri, utilizați puțin aluat pentru a le astupa.
10. Gătiți timp de 3 minute, odată ce este crocant răsturnați și gătiți încă 3 minute.
11. Scoateți când sunt aurii.
12. Lasă să se răcească puțin înainte de a mânca, centrul zahărului va fi fierbinte.

44. Pere braconate cu miere coreeano-americane

Timp de preparare: 5 minute
Timp de preparare: 20 de minute
Porții: 4 persoane

INGREDIENTE
- ½ uncie de ghimbir proaspăt, curățat și tăiat felii subțiri
- 1 kilogram de pere coreano-americane, decojite
- 24 boabe de piper negru
- 3 căni de apă
- 2 linguri zahar sau miere
- Nuci de pin pentru a termina, dacă doriți

DIRECTII
a) Se pune apa intr-o cratita si se adauga ghimbirul, se incinge pana da in clocot si se lasa 6-8 minute.
b) Intre timp taiati perele in 8 felii.
c) Acum împingeți 3 boabe de piper în fiecare felie de pere, asigurându-vă că acestea intră direct și nu cad.
d) Scoateți ghimbirul din apă și puneți zahărul sau mierea și perele, fierbeți timp de 10 minute.
e) Odată gata se scoate și se răcește, apoi se dă la frigider să se răcească.
f) Se serveste rece sau se poate servi fierbinte daca se doreste, se pudra cu nuci daca se foloseste.

45. Sorbet de gheață cu lapte coreean-american

Timp de preparare: 3 minute
Timp de preparare: 3 minute
Porții: 2 persoane

INGREDIENTE
- 2 linguri mini prajituri de orez mochi
- 2 linguri de pasta de fasole rosie indulcita
- 4 lingurițe de pulbere multicereală coreeană-americană
- 2-3 bucăți de prăjituri coreene-americane de orez glutinos, acoperite cu pudră de soia prăjită, tăiate cubulețe de $\frac{3}{4}$ inch
- 4 lingurite fulgi de migdale naturali
- Pentru gheață
- 2 linguri lapte condensat, indulcit
- 1 cană lapte

DIRECTII
a) Amestecați laptele condensat și laptele într-o cană cu buză pentru turnare.
b) Puneți amestecul într-o tavă cu gheață și congelați până devin blocuri de gheață, în jur de 5 ore.
c) După ce se fixează, scoateți-le și puneți-le într-un blender sau, dacă le puteți bărbieri, bateți până se omogenizează.
d) Pune toate ingredientele într-un bol de servire care a fost răcit.
e) În bază se pun 3 linguri de sorbet, apoi se pudrează cu 1 linguriță de pudră multicereală.
f) Apoi adăugați încă 3 linguri de sorbet, urmate de mai multă pulbere de cereale.
g) Acum puneți deasupra prăjiturile de orez și pasta de fasole.
h) Pudrați cu migdale și serviți.

46. Frigărui de prăjitură de orez coreean-americană

Timp de pregătire: 10 minute
Timp de preparare: 10 minute
Porții: 4 persoane

INGREDIENTE

PENTRU PRINCIPALA
- Ulei pentru gătit
- 32 bucăți de prăjituri coreene-americane de orez
- 2 linguri de nuci zdrobite, la alegere sau seminte de susan

PENTRU SOS
- 1 lingura miere
- 1 $\frac{1}{2}$ linguriță sos de roșii
- 1 lingurita zahar brun inchis
- 1 lingură pastă de chili coreeano-americană
- $\frac{1}{2}$ lingură sos de soia
- $\frac{1}{4}$ lingurita de usturoi tocat
- 1 lingurita ulei de susan

DIRECTII

a) Adăugați prăjiturile de orez în apă clocotită pentru a le înmuia doar pentru 30 de secunde, apoi clătiți sub apă rece și scurgeți.

b) Folosind hârtie de bucătărie uscați-le de orice exces de apă.

c) Pune o a doua cratiță pe aragaz și adaugă sosul Ingrediente, se încălzește și se amestecă pentru a se topi zahărul sau mierea, continuă să se amestece pentru a nu se arde, se scoate când este groasă.

d) Puneți prăjiturile pe o frigărui, asigurându-vă că se potrivesc în tigaie.

e) Încinge puțin ulei într-o tigaie, odată fierbinte se pune în frigărui și se prăjește 1 minut.

f) Scoateți și ungeți cu sosul peste tot.

g) Terminați cu seminte de susan sau nuci.

47. Tort coreeano-american cu căpșuni și kiwi

Timp de pregătire: 30 de minute
Timp de preparare: 15 minute
Porții: 8 persoane

INGREDIENTE
- 1 cană zahăr
- 11 linguri de făină universală
- 1 lingura apa
- 6 ouă mari
- 1 lingura apa fierbinte
- 2 căni de smântână groasă
- 3 linguri ulei vegetal
- 1 lingurita extract de vanilie
- 1 cana capsuni, tocate
- 2 linguri miere
- 1 cană de kiwi, tocat

DIRECTII
a) Încinge aragazul la 375 F și pune hârtie de copt pe o tavă de copt de 16×11.
b) Treceți făina printr-o sită într-un bol de amestecare.
c) Albusurile se bat spuma timp de 60 de secunde, apoi se adauga incet zaharul si se bat pana ajunge la varfuri, daca ai mixer electric asa ar fi mai bine.
d) Apoi, adăugați ușor gălbenușurile unul câte unul, bătând timp de 60 de secunde între adăugare, odată ce toate sunt încorporate, adăugați apa și uleiul, bateți din nou timp de 10 secunde.
e) Acum amestecați făina încet și amestecați bine.
f) Adăugați amestecul de tort în tava de copt și aruncați tava de câteva ori pentru a elimina orice aer.
g) Gatiti la cuptor 12-15 minute.

h) Cand este gata se scoate si se aseaza hartie de copt deasupra, apoi se intoarce, se indeparteaza hartia de pe baza si se aseaza pe un gratar de racit.
i) Cât rămâne cald, rulați-l cu hârtie de copt, lăsând-o în rulada de tort.
j) Lăsați-l să se răcească încă 10 minute.
k) În timp ce așteptați, amestecați mierea și apa și puneți-le pe o parte.
l) Bateți smântâna cu vanilia și restul de zahăr până atinge vârful.
m) Apoi luați tortul și derulați-l, scoateți hârtia și tăiați un capăt în unghi, pentru un aspect de finisare.
n) Se unge mierea peste prajitura urmata de crema.
o) Adăugați kiwi și căpșunile, apoi rulați-l, păstrați-l rotund punând hârtie de pergament pe exterior.
p) Se lasa la frigider 20 de minute pentru a-si mentine forma.
q) Luați felie și serviți.

48. Desert Yakwa coreean-american

Timp de pregătire: 25 de minute
Timp de preparare: 35 minute
Porții: 6-8 persoane

INGREDIENTE
- $\frac{1}{4}$ cană de soju
- 2 $\frac{1}{4}$ cani de făină de patiserie sau făină proteică medie
- $\frac{1}{4}$ cană miere
- $\frac{1}{4}$ cană ulei de susan
- 1 lingurita praf de copt
- 2 linguri nuci de pin tocate
- $\frac{1}{8}$ linguriță sare
- 2 linguri de unt topit
- $\frac{1}{4}$ lingurita de bicarbonat de sodiu
- Pentru sirop
- 2 căni de apă
- 1 cană sirop de orez
- 1 lingura de ghimbir proaspat ras
- 1 cană miere

DIRECTII

a) Încălziți aragazul la 250°F.
b) Puneti sarea, bicarbonatul de sodiu, praful si faina intr-un bol si amestecati.
c) Acum adaugă uleiul de susan și folosește-ți mâinile pentru a amesteca.
d) Folosind un castron mai mic, amestecați mierea și soju-ul împreună, apoi adăugați la amestecul de aluat, amestecați ușor.
e) Odată ce ai aluatul, împarte în 2 bucăți.
f) Așezați 1 jumătate pe blat și întindeți-o până la un dreptunghi gros de $\frac{1}{4}$ inch.
g) Tăiați în bucăți de 1 × 1 inch sau poate fi tăiat în diagonală pentru a forma diamante.
h) Faceți găuri în partea de sus folosind o furculiță și ungeți vârfurile fiecăruia.
i) Se pune pe tava de copt si se fierbe la cuptor pentru 15 minute.
j) Între timp se adaugă mierea, apa și siropul de orez într-o tigaie sau o tigaie și se încălzește amestecând până la fierbere, apoi se oprește focul și se amestecă ghimbirul, se lasă deoparte.
k) Dați aragazul la 300°F și încă 10 minute.
l) Acum, pentru ultima dată, întoarceți aragazul la 350°F și gătiți încă 7 minute sau până când devine maro auriu.
m) După ce le-ați scos, puneți imediat în sirop și lăsați timp de jumătate de oră, cu cât mai mult, cu atât mai bine.
n) Se scot la servire si se pudreaza cu nuci de pin.

49. Budincă de tapioca coreeană-americană

Timp de pregătire: minute
Timp de preparare: minute
Porții: 6 persoane

INGREDIENTE

2 ½ gălbenușuri mari
3 cani de lapte integral
¼ cană zahăr
⅓ cană perle mici de tapioca
1 boabe de vanilie
¼ de linguriță extract pur de vanilie
3 linguri ceai coreean-american cu miere-cedrat
½ lingurita sare

DIRECTII

1. Puneți laptele într-un suport de 4 căni, adăugați ¾ de cană într-o tigaie cu o bază grea și puneți tapioca, lăsați timp de 60 de minute.
2. Bateți gălbenușurile, zahărul și sarea, tăiați semințele de vanilie și îndepărtați semințele, adăugați-le în suportul pentru 4 căni.
3. Când tapioca este gata, amestecați în amestecul de cremă și puneți pe aragaz până dă în clocot, nu uitați să amestecați.
4. Odată ce dă în clocot, reduceți focul și fierbeți timp de 20 de minute.
5. Luați de pe foc și amestecați extractul de vanilie cu ceaiul coreean-american.
6. Se servește când este gata.

50. Tort de orez picant coreean-american

Timp de pregătire: minute
Timp de preparare: minute
Porții: 1 persoană

INGREDIENTE
- 2 lingurite de zahar
- 1 cană tort de orez
- 1 lingurita sos de soia
- 2 lingurițe de pastă de fasole picantă coreeană-americană
- Seminte de susan pentru finisare
- $\frac{3}{4}$ cană apă

DIRECTII
a) Se adauga apa intr-o oala cu pasta de fasole si zaharul, se incinge pana da in clocot.
b) Acum puneți prăjitura de orez, reduceți focul și gătiți la foc mic timp de 10 minute.
c) Serviți când este gata.

51. Pere la cuptor în chipsuri Wonton și miere, mascarpone cu scorțișoară

Timp de pregătire: 20 de minute
Timp de preparare: 45 de minute
Porții: 4 persoane

INGREDIENTE
- ½ linguriță de scorțișoară măcinată, împărțită
- 2 pere coreano-americane
- ½ cană plus 1 lingură miere, împărțită
- 4 - 6×6 ambalaje wonton
- ¼ cană mascarpone
- 1 ½ lingurita de unt nesarat topit

DIRECTII
a) Încinge aragazul la 375F și tapetează o tavă de copt cu hârtie de copt.
b) Tăiați ½ inch de pe bază și de vârful perei.
c) Acum decojiți-le și tăiați-le prin orizontală de mijloc, scoateți semințele
d) Așezați ambalajele pe o suprafață plană uscată, adăugați jumătate de peră în fiecare ambalaj și pudrați cu scorțișoară, apoi presărați peste puțină miere aproximativ 1 lingură.
e) Ridicați colțurile și sigilați cu miere.
f) Asezati-le pe tava de copt si gatiti la cuptor pentru 45 de minute, daca aluatul se coloreaza prea mult doar acoperiti cu putina folie.
g) Amestecați restul de miere, scorțișoară și mascarpone într-un amestec omogen.
h) Serviți pachetele cu mascarpone.

52. Prajitura de orez dulce sanatoasa

Timp de pregătire: minute
Timp de preparare: minute
Porții: 10 persoane

INGREDIENTE
- ½ cană kabocha uscată sau alt tip de dovleac
- 1 cană boabe de soia neagră înmuiată
- 10 castane, sferturi
- 12 curmale uscate
- ½ cană nuci, tăiate în sferturi
- ⅓ cană făină de migdale
- 5 căni de făină de orez dulce umedă congelată, decongelată
- 3 linguri de zahar

DIRECTII
a) Spălați rehidratul de dovleac cu o lingură de apă, adăugați mai mult dacă este necesar pentru a se înmoaie.
b) Folosind un castron mare, amestecați zahărul, făina de migdale și făina de orez, amestecați bine.
c) Acum adăugați 2 linguri de apă și, folosind mâinile, frecați, încercați să faceți să nu cocoloase.
d) Apoi, amestecați restul ingredientelor și amestecați.
e) Pune o tigaie cu aburi pe aragaz și folosește o cârpă umedă pentru a căptuși coșul.
f) Adăugați amestecul cu o lingură mare și nivelați, puneți o cârpă deasupra și fierbeți la abur timp de jumătate de oră.
g) Scoateți-l când este gata și răcit, odată ce vă puteți descurca, întoarceți-l și răsturnați-l pe o suprafață de lucru.
h) Scoateți cârpa și tăiați și modelați în poțiuni de servire.

PRANZ CALDE

53. Boluri cu burrito cu pui

INGREDIENTE

Sos de crema Chipotle
- ½ cană iaurt grecesc degresat
- 1 ardei chipotle in sos adobo, tocat sau mai mult dupa gust
- 1 catel de usturoi, tocat
- 1 lingura suc de lamaie proaspat stors

Bol de burrito
- ⅔ cană de orez brun
- 1 lingura ulei de masline
- 1 kilogram de pui măcinat
- ½ linguriță de pudră de chili
- ½ linguriță de usturoi pudră
- ½ linguriță de chimen măcinat
- ½ linguriță de oregano uscat
- ¼ lingurita praf de ceapa
- ¼ lingurita boia
- Sare kosher și piper negru proaspăt măcinat, după gust
- 1 cutie (15 uncii) de fasole neagră, scursă și clătită
- 1 ¾ cană boabe de porumb (congelate, conservate sau prăjite)
- ½ cană Vârful de Cocoș (de casă sau cumpărat din magazin)

DIRECTII

a) **PENTRU SOS DE CREMĂ DE CHIPOTLE:** Se amestecă împreună iaurtul, ardeiul chipotle, usturoiul și sucul de lămâie. Acoperiți și lăsați la frigider până la 3 zile.

b) Gatiti orezul conform instructiunilor de pe pachet intr-o cratita mare cu 2 cani de apa; pus deoparte.

c) Încinge uleiul de măsline într-o oală mare sau cuptor olandez la foc mediu-mare. Adăugați puiul măcinat, pudra de chili, pudra de usturoi, chimenul, oregano, praf de ceapă și boia de ardei; se asezoneaza cu sare si piper. Gătiți până când puiul s-a rumenit, 3 până la 5 minute, asigurându-vă că îl fărâmiți pe măsură ce se gătește; scurgeți excesul de grăsime.

d) Împărțiți orezul în recipiente pentru prepararea mesei. Acoperiți cu amestec de pui măcinat, fasole neagră, porumb și Vârful de Cocoș. Se va păstra acoperit la frigider timp de 3 până la 4 zile. Stropiți cu sos de cremă chipotle. Ornați cu coriandru și felie de lime, dacă doriți, și serviți. Reîncălziți în cuptorul cu microunde la intervale de 30 de secunde până când este încălzit.

54. Pui tikka masala

INGREDIENTE

- 1 cană de orez basmati
- 2 linguri de unt nesarat
- 1 ½ kg piept de pui dezosat și fără piele, tăiat în bucăți de 1 inch
- Sare kosher și piper negru proaspăt măcinat, după gust
- 1 ceapă, tăiată cubulețe
- 2 linguri pasta de rosii
- 1 lingura de ghimbir proaspat ras
- 3 catei de usturoi, tocati
- 2 lingurite garam masala
- 2 lingurite pudra de chili
- 2 lingurite de turmeric macinat
- 1 cutie (28 uncii) de roșii tăiate cubulețe
- 1 cană bulion de pui
- ⅓ cană smântână groasă
- 1 lingura suc proaspat de lamaie
- ¼ cană frunze de coriandru proaspăt tocate (opțional)
- 1 lămâie, tăiată felii (opțional)

DIRECTII

a) Gatiti orezul conform instructiunilor de pe pachet intr-o cratita mare cu 2 cani de apa; pus deoparte.

b) Topiți untul într-o tigaie mare la foc mediu. Asezonați puiul cu sare și piper. Adăugați puiul și ceapa în tigaie și gătiți, amestecând ocazional, până devin aurii, 4 până la 5 minute. Adăugați pasta de roșii, ghimbir, usturoi, garam masala, praf de chili și turmeric și gătiți până se combină bine, 1 până la 2 minute. Se amestecă roșiile tăiate cubulețe și supa de pui. Se aduce la fierbere; reduceți focul și fierbeți, amestecând din când în când, până se îngroașă ușor, aproximativ 10 minute.

c) Adăugați smântâna, sucul de lămâie și puiul și gătiți până se încălzește, aproximativ 1 minut.

d) Puneți amestecul de orez și pui în recipiente pentru pregătirea mesei. Ornați cu coriandru și felie de lămâie, dacă doriți, și serviți. Se va păstra acoperit la frigider 3 până la 4 zile. Reîncălziți în cuptorul cu microunde la intervale de 30 de secunde până când este încălzit.

55. Boluri grecești de pui

INGREDIENTE

Pui și orez

- 1 kilogram de piept de pui dezosat și fără piele
- ¼ cană plus 2 linguri ulei de măsline, împărțit
- 3 catei de usturoi, tocati
- Suc de 1 lămâie
- 1 lingura otet de vin rosu
- 1 lingura oregano uscat
- Sare kosher și piper negru proaspăt măcinat, după gust
- ¾ cană de orez brun

Salata de castraveti

- 2 castraveți englezești, decojiți și tăiați felii
- ½ cană ceapă roșie feliată subțire
- Suc de 1 lămâie
- 2 linguri ulei de masline extravirgin
- 1 lingura otet de vin rosu
- 2 catei de usturoi, presati
- ½ linguriță de oregano uscat

Sos tzatziki

- 1 cană iaurt grecesc
- 1 castravete englezesc, tăiat mărunt
- 2 catei de usturoi, presati
- 1 lingură mărar proaspăt tocat
- 1 lingurita coaja rasa de lamaie
- 1 lingura suc de lamaie proaspat stors
- 1 lingurita de menta proaspata tocata (optional)
- Sare kosher și piper negru proaspăt măcinat, după gust
- 2 linguri ulei de masline extravirgin
- 1 ½ kilograme de roșii cireașă, tăiate la jumătate

DIRECTII

a) PENTRU PUI: Într-o pungă cu fermoar de dimensiunea unui galon, combinați puiul, ¼ de cană de ulei de măsline, usturoiul, sucul de lămâie, oțetul și oregano; se asezoneaza cu sare si piper. Marinați puiul la frigider pentru cel puțin 20 de minute sau până la 1 oră, întorcând punga din când în când. Scurgeți puiul și aruncați marinada.

b) Încălziți restul de 2 linguri de ulei de măsline într-o tigaie mare la foc mediu-mare. Adăugați puiul și gătiți, răsturnând o dată, până când este fiert, 3 până la 4 minute pe fiecare parte. Lăsați să se răcească înainte de a tăia bucăți mici.

c) Gătiți orezul într-o cratiță mare cu 2 căni de apă conform instrucțiunilor de pe ambalaj.

d) Împărțiți orezul și puiul în recipiente pentru pregătirea mesei. Se va păstra acoperit la frigider până la 3 zile.

e) PENTRU SALATA DE CASTRAVETI: Combinati castravetii, ceapa, sucul de lamaie, uleiul de masline, otetul, usturoiul si oregano intr-un castron mic. Acoperiți și lăsați la frigider până la 3 zile.

f) PENTRU SOS TZATZIKI: Combinați iaurtul, castravetele, usturoiul, mărarul, coaja și sucul de lămâie și menta (dacă este folosit) într-un castron mic. Asezonați cu sare și piper după gust și stropiți cu ulei de măsline. Acoperiți și lăsați la frigider pentru cel puțin 10 minute, lăsând aromele să se topească. Se poate păstra la frigider 3 până la 4 zile.

g) Pentru a servi, reîncălziți orezul și puiul în cuptorul cu microunde la intervale de 30 de secunde, până când sunt încălzite. Acoperiți cu salată de castraveți, roșii și sos Tzatziki și serviți.

56. Boluri cu carne de vită pentru prepararea meselor coreean-americane

INGREDIENTE

- ⅔ cană de orez alb sau brun
- 4 ouă medii
- 1 lingura ulei de masline
- 2 catei de usturoi, tocati
- 4 cani de spanac tocat

Carne de vită coreeană-americană

- 3 linguri de zahăr brun la pachet
- 3 linguri de sos de soia cu conținut redus de sodiu
- 1 lingura de ghimbir proaspat ras
- 1 ½ linguriță ulei de susan
- ½ linguriță sriracha (opțional)
- 2 lingurite ulei de masline
- 2 catei de usturoi, tocati
- 1 kilogram carne de vita
- 2 cepe verde, feliate subțiri (opțional)
- ¼ lingurita de seminte de susan (optional)

DIRECTII

a) Gatiti orezul conform instructiunilor de pe ambalaj; pus deoparte.

b) Puneți ouăle într-o cratiță mare și acoperiți cu apă rece cu 1 inch. Se aduce la fierbere și se fierbe timp de 1 minut. Acoperiți oala cu un capac etanș și luați de pe foc; lăsați să stea timp de 8 până la 10 minute. Scurgeți bine și lăsați să se răcească înainte de a curăța și de a tăia în jumătate.

c) Încinge uleiul de măsline într-o tigaie mare la foc mediu-mare. Adăugați usturoiul și gătiți, amestecând frecvent, până când este parfumat, 1 până la 2 minute. Se amestecă spanacul și se fierbe până se ofilește, 2 până la 3 minute; pus deoparte.

d) Pentru carne de vită: într-un castron mic, amestecați zahărul brun, sosul de soia, ghimbirul, uleiul de susan și sriracha, dacă folosiți.

e) Încinge uleiul de măsline într-o tigaie mare la foc mediu-mare. Adăugați usturoiul și gătiți, amestecând continuu, până când este parfumat, aproximativ 1 minut. Adăugați carnea de vită și gătiți până se rumenește, 3 până la 5 minute, asigurându-vă că carnea de vită se sfărâmă pe măsură ce se gătește; scurgeți excesul de grăsime. Se amestecă amestecul de sos de soia și ceapa verde până se combină bine, apoi se fierbe până când se încălzește, aproximativ 2 minute.

f) Puneți orezul, ouăle, spanacul și amestecul de carne de vită măcinată în recipiente pentru prepararea mesei și, dacă doriți, se ornează cu ceapă verde și semințe de susan. Se va păstra acoperit la frigider 3 până la 4 zile.

g) Reîncălziți în cuptorul cu microunde la intervale de 30 de secunde până când este încălzit.

57. Mason borcan supă de pui și ramen

INGREDIENTE

- 2 pachete (5,6 uncii) taitei yakisoba la frigider
- 2 ½ linguri concentrat de bază de bulion de legume cu conținut redus de sodiu (ne)
- 1 ½ linguriță sos de soia cu conținut redus de sodiu
- 1 lingura otet de vin de orez
- 1 lingura de ghimbir proaspat ras
- 2 lingurițe sambal oelek (pastă de chile proaspăt măcinat), sau mai multe după gust
- 2 lingurite ulei de susan
- 2 căni de pui mărunțit la rotisor
- 3 cesti baby spanac
- 2 morcovi, curatati si rasi
- 1 cană ciuperci shiitake feliate
- ½ cană frunze de coriandru proaspăt
- 2 cepe verde, feliate subțiri
- 1 lingurita de seminte de susan

DIRECTII

a) Într-o oală mare cu apă clocotită, gătiți yakisoba până se slăbește, 1 până la 2 minute; se scurge bine.
b) Într-un castron mic, combinați baza de bulion, sosul de soia, oțetul, ghimbirul, sambal oelek și uleiul de susan.
c) Împărțiți amestecul de bulion în 4 borcane de sticlă cu gura largă, cu capace sau alte recipiente rezistente la căldură. Acoperiți cu yakisoba, pui, spanac, morcovi, ciuperci, coriandru, ceapă verde și semințe de susan. Acoperiți și lăsați la frigider până la 4 zile.
d) Pentru a servi, deschideți un borcan și adăugați suficientă apă fierbinte pentru a acoperi conținutul, aproximativ $1\frac{1}{4}$ cană. Pune la microunde, neacoperit, până se încălzește, 2 până la 3 minute. Lăsați să stea 5 minute, amestecați pentru a se combina și serviți imediat.

58. Borcan mason bolognese

INGREDIENTE

- 2 linguri ulei de masline
- 1 kilogram carne de vită
- 1 kilogram de cârnați italieni, învelișul îndepărtat
- 1 ceapa, tocata
- 4 catei de usturoi, tocati
- 3 cutii (14,5 uncii) de roșii tăiate cubulețe, scurse
- 2 conserve (15 uncii) de sos de roșii
- 3 foi de dafin
- 1 lingurita oregano uscat
- 1 lingurita busuioc uscat
- $\frac{1}{2}$ linguriță de cimbru uscat
- 1 lingurita sare kosher
- $\frac{1}{2}$ linguriță piper negru proaspăt măcinat
- 2 pachete (16 uncii) de brânză mozzarella cu conținut scăzut de grăsimi, tăiată cubulețe
- 32 uncii fusilli de grâu integral nefierte, gătite conform instrucțiunilor de pe ambalaj; aproximativ 16 cesti fierte

DIRECTII

a) Încinge uleiul de măsline într-o tigaie mare la foc mediu-mare. Adăugați carnea de vită, cârnații, ceapa și usturoiul. Gatiti pana se rumenesc, 5 pana la 7 minute, avand grija sa maruntiti carnea de vita si carnati in timp ce se gatesc; scurgeți excesul de grăsime.

b) Transferați amestecul de carne de vită măcinată într-un aragaz lent de 6 litri. Se amestecă roșiile, sosul de roșii, foile de dafin, oregano, busuioc, cimbru, sare și piper. Acoperiți și gătiți la foc mic timp de 7 ore și 45 de minute. Scoateți capacul și întoarceți aragazul lent la mare. Continuați să gătiți timp de 15 minute, până când sosul s-a îngroșat. Aruncați foile de dafin și lăsați sosul să se răcească complet.

c) Împărțiți sosul în 16 borcane de sticlă cu gura largă, cu capac, sau alte recipiente rezistente la căldură. Acoperiți cu mozzarella și fusilli. Se da la frigider pana la 4 zile.

d) Pentru a servi, cuptorul cu microunde, descoperit, până se încălzește, aproximativ 2 minute. Se amestecă pentru a combina.

59. Lasagna borcan Mason

INGREDIENTE

- 3 taitei lasagna
- 1 lingura ulei de masline
- ½ kg muschi macinat
- 1 ceapă, tăiată cubulețe
- 2 catei de usturoi, tocati
- 3 linguri pasta de rosii
- 1 lingurita condimente italiene
- 2 cutii (14,5 uncii) de roșii tăiate cubulețe
- 1 dovlecel mediu, ras
- 1 morcov mare, ras
- 2 căni de spanac baby mărunțit
- Sare kosher și piper negru proaspăt măcinat, după gust
- 1 cană de brânză ricotta parțial degresată
- 1 cană de brânză mozzarella mărunțită, împărțită
- 2 linguri frunze proaspete de busuioc tocate

DIRECTII

a) Într-o oală mare cu apă clocotită cu sare, gătiți pastele conform instrucțiunilor de pe ambalaj; se scurge bine. Tăiați fiecare tăiței în 4 bucăți; pus deoparte.

b) Încinge uleiul de măsline într-o tigaie mare sau într-un cuptor olandez la foc mediu-mare. Adăugați muschiul măcinat și ceapa și gătiți până se rumenesc, 3 până la 5 minute, asigurându-vă că se fărâmițează carnea de vită pe măsură ce se gătește; scurgeți excesul de grăsime.

c) Amestecați usturoiul, pasta de roșii și condimentele italiene și gătiți până se parfumează, 1 până la 2 minute. Se amestecă roșiile, se reduce focul și se fierbe până se îngroașă ușor, 5 până la 6 minute. Se amestecă dovlecelul, morcovul și spanacul și se gătesc, amestecând des, până când se înmoaie, 2 până la 3 minute. Se condimenteaza cu sare si piper dupa gust. Pune sosul deoparte.

d) Într-un castron mic, combinați ricotta, ½ cană de mozzarella și busuiocul; se asezoneaza cu sare si piper dupa gust

e) Preîncălziți cuptorul la 375 de grade F. Ungeți ușor 4 borcane de sticlă cu gură largă (16 uncii) cu capac sau alte recipiente pentru cuptor sau ungeți cu spray antiaderent.

f) Pune 1 bucată de paste în fiecare borcan. Împărțiți o treime din sos în borcane. Repetați cu un al doilea strat de paste și sos. Acoperiți cu amestecul de ricotta, restul de paste și restul de sos. Se presară cu ½ cană de brânză mozzarella rămasă.

g) Pune borcanele pe o tava de copt. Pune la cuptor și coace până când clocotește, 25 până la 30 de minute; se răcește complet. Se da la frigider pana la 4 zile.

60. Supă de detoxifiere cu ghimbir miso

INGREDIENTE
- 2 lingurite ulei de susan prajit
- 2 lingurite ulei de canola
- 3 catei de usturoi, tocati
- 1 lingura de ghimbir proaspat ras
- 6 cani de supa de legume
- 1 foaie de kombu, tăiată în bucăți mici
- 4 lingurite pasta miso alba
- 1 pachet (3,5 uncii) de ciuperci shiitake, feliate (aproximativ 2 căni)
- 8 uncii de tofu ferm, tăiat cuburi
- 5 baby bok choy, tocate
- ¼ cană ceapă verde feliată

DIRECTII

a) Încinge uleiul de susan și uleiul de canola într-o oală mare sau cuptor olandez la foc mediu. Adăugați usturoiul și ghimbirul și gătiți, amestecând des, până se simte parfumat, 1 până la 2 minute. Se amestecă bulionul, kombu și pasta miso și se aduce la fierbere. Acoperiți, reduceți focul și fierbeți timp de 10 minute. Se amestecă ciupercile și se fierbe până se înmoaie, aproximativ 5 minute.

b) Adăugați tofu și bok choy și gătiți până când tofu este încălzit și bok choy este doar fraged, aproximativ 2 minute. Se amestecă ceapa verde. Serviți imediat.

c) Sau, pentru a pregăti din timp, lăsați bulionul să se răcească complet la sfârșitul pasului 1. Apoi adăugați tofu, bok choy și ceapa verde. Împărțiți în recipiente ermetice, acoperiți și lăsați la frigider până la 3 zile. Pentru a se reîncălzi, puneți la cuptorul cu microunde la intervale de 30 de secunde până când se încălzește.

61. Cartofi dulci umpluți

RANDAMENT: 4 PORȚII
INGREDIENTE
- 4 cartofi dulci medii

DIRECTII
a) Preîncălziți cuptorul la 400 de grade F. Tapetați o foaie de copt cu hârtie de copt sau folie de aluminiu.
b) Așezați cartofii dulci într-un singur strat pe foaia de copt pregătită. Coaceți până se înmoaie în furculiță, aproximativ 1 oră și 10 minute.
c) Lăsați să se odihnească până se răcește suficient pentru a se manipula.

62. Cartofi umpluți cu pui coreean-american

INGREDIENTE

- ½ cană de oțet de vin de orez condimentat
- 1 lingura zahar
- Sare kosher și piper negru proaspăt măcinat, după gust
- 1 cană de morcovi de chibrit
- 1 șalotă mare, feliată
- ¼ de linguriță fulgi de ardei roșu mărunțiți
- 2 lingurite ulei de susan
- 1 pachet (10 uncii) spanac proaspăt
- 2 catei de usturoi, tocati
- 4 cartofi dulci prăjiți (aici)
- 2 căni de pui picant cu susan coreean-american (aici)

DIRECTII

a) Într-o cratiță mică, combinați oțetul, zahărul, 1 linguriță de sare și ¼ de cană de apă. Se aduce la fierbere la foc mediu. Se amestecă morcovii, eșapa și fulgii de ardei roșu. Se ia de pe foc si se lasa sa stea 30 de minute.

b) Încinge uleiul de susan într-o tigaie mare la foc mediu. Se amestecă spanacul și usturoiul și se fierbe până când spanacul se ofilește, 2 până la 4 minute. Se condimenteaza cu sare si piper dupa gust.

c) Tăiați cartofii pe lungime și condimentați cu sare și piper. Acoperiți cu puiul, amestecul de morcovi și spanac.

d) Împărțiți cartofii dulci în recipiente pentru prepararea mesei. Se da la frigider pana la 3 zile. Reîncălziți în cuptorul cu microunde la intervale de 30 de secunde până când este încălzit.

63. Cartofi umpluți cu varză și ardei roșu

INGREDIENTE
- 1 lingura ulei de masline
- 2 catei de usturoi, tocati
- 1 ceapă dulce, tăiată cubulețe
- 1 lingurita boia afumata
- 1 ardei gras rosu, feliat subtire
- 1 buchet de varza cret, tulpinile indepartate si frunzele tocate
- Sare kosher și piper negru proaspăt măcinat, după gust
- 4 cartofi dulci prăjiți
- ½ cană de brânză feta mărunțită fără grăsimi

DIRECTII
a) Încinge uleiul de măsline într-o tigaie mare la foc mediu. Adăugați usturoiul și ceapa și gătiți, amestecând des, până când ceapa devine translucidă, 2-3 minute. Se amestecă boia de ardei și se gătește până când este parfumată, aproximativ 30 de secunde.

b) Amestecați ardeiul gras și gătiți până devine crocant, aproximativ 2 minute. Se amestecă varza, câte o mână și se gătește până când este verde aprins și doar se ofilește, 3 până la 4 minute.

c) Tăiați cartofii în jumătate și asezonați cu sare și piper. Acoperiți cu amestecul de kale și feta.

d) Împărțiți cartofii dulci în recipiente pentru prepararea mesei.

64. Cartofi umpluți cu pui cu muștar

INGREDIENTE

- 1 lingura ulei de masline
- 2 căni de fasole verde proaspătă tăiată
- 1 ½ cană de ciuperci cremini tăiate în sferturi
- 1 şalotă, tocată
- 1 catel de usturoi, tocat
- 2 linguri frunze de patrunjel proaspat tocate
- Sare kosher şi piper negru proaspăt măcinat, după gust
- 4 cartofi dulci prăjiți (aici)
- 2 căni de pui cu miere şi muştar (aici)

DIRECTII

a) Încinge uleiul de măsline într-o tigaie mare la foc mediu. Adăugați fasolea verde, ciupercile și eșalota și gătiți, amestecând frecvent, până când fasolea verde devine crocantă și fragedă, 5 până la 6 minute. Se amestecă usturoiul și pătrunjelul și se gătesc până se parfumează, aproximativ 1 minut. Se condimenteaza cu sare si piper dupa gust.

b) Tăiați cartofii pe lungime și condimentați cu sare și piper. Acoperiți cu amestecul de fasole verde și pui.

c) Împărțiți cartofii dulci în recipiente pentru prepararea mesei. Se da la frigider pana la 3 zile. Reîncălziți în cuptorul cu microunde la intervale de 30 de secunde până când este încălzit.

65. Cartofi umpluți cu fasole neagră și Vârful de Cocoș

INGREDIENTE
Fasole neagra
- 1 lingura ulei de masline
- ½ ceapă dulce, tăiată cubulețe
- 1 catel de usturoi, tocat
- 1 lingurita pudra de chili
- ½ linguriță de chimen măcinat
- 1 cutie (15,5 uncii) de fasole neagră, clătită și scursă
- 1 lingurita otet de mere
- Sare kosher și piper negru proaspăt măcinat, după gust

Vârful de Cocoș
- 2 roșii prune, tăiate cubulețe
- ½ ceapă dulce, tăiată cubulețe
- 1 jalapeño, fără semințe și tocat
- 3 linguri frunze proaspete de coriandru tocate
- 1 lingura suc de lamaie proaspat stors
- Sare kosher și piper negru proaspăt măcinat, după gust
- 4 cartofi dulci prăjiți (aici)
- 1 avocado, tăiat în jumătate, fără sâmburi, decojit și tăiat cubulețe
- ¼ cană smântână ușoară

DIRECTII

a) PENTRU FASOLE: Se încălzește uleiul de măsline într-o cratiță medie la foc mediu. Adăugați ceapa și gătiți, amestecând des, până când devine translucid, 2 până la 3 minute. Se amestecă usturoiul, pudra de chili și chimenul și se gătesc până se simte parfumat, aproximativ 1 minut.

b) Se amestecă fasolea și ⅔cană de apă. Aduceți la fiert, reduceți focul și gătiți până scade, 10 până la 15 minute. Folosind un zdrobitor de cartofi, zdrobiți fasolea până când se obține consistența netedă și dorită. Se amestecă oțetul și se condimentează cu sare și piper după gust.

c) PENTRU VÂRFUL DE COCOȘ: Combinați roșiile, ceapa, jalapeño, coriandru și sucul de lămâie într-un castron mediu. Se condimenteaza cu sare si piper dupa gust.

d) Tăiați cartofii pe lungime și condimentați cu sare și piper. Acoperiți cu amestecul de fasole neagră și Vârful de Cocoș.

e) Împărțiți cartofii dulci în recipiente pentru prepararea mesei. Se da la frigider pana la 3 zile. Reîncălziți în cuptorul cu microunde la intervale de 30 de secunde până când este încălzit.

66. Taitei de dovlecel cu chiftele de curcan

INGREDIENTE

- curcan măcinat de 1 kg
- ⅓ cană panko
- 3 linguri de parmezan proaspăt ras
- 2 galbenusuri mari
- ¾ linguriță de oregano uscat
- ¾ lingurita busuioc uscat
- ½ lingurita patrunjel uscat
- ¼ linguriță de usturoi pudră
- ¼ de linguriță fulgi de ardei roșu mărunțiți
- Sare kosher și piper negru proaspăt măcinat, după gust
- 2 kilograme (3 medii) dovlecei, spiralați
- 2 lingurite sare kosher
- 2 căni de sos marinara (de casă sau cumpărat din magazin)
- ¼ cană parmezan proaspăt ras

DIRECTII

a) Preîncălziți cuptorul la 400 de grade F. Ungeți ușor o tavă de copt de 9 x 13 inci sau ungeți cu spray antiaderent.

b) Într-un castron mare, combinați curcanul măcinat, panko, parmezanul, gălbenușurile de ou, oregano, busuioc, pătrunjelul, pudra de usturoi și fulgii de ardei roșu; se asezoneaza cu sare si piper. Folosind o lingura de lemn sau mainile curate, amestecati pana se omogenizeaza bine. Rulați amestecul în 16 până la 20 de chiftele, fiecare cu 1 până la 1 $\frac{1}{2}$ inci în diametru.

c) Puneți chiftelele în vasul de copt pregătit și coaceți timp de 15 până la 18 minute, până se rumenesc peste tot și sunt fierte; pus deoparte.

d) Puneți dovleceii într-o strecurătoare deasupra chiuvetei. Adăugați sarea și amestecați ușor pentru a se combina; se lasa sa stea 10 minute. Într-o oală mare cu apă clocotită, gătiți dovlecelul timp de 30 de secunde până la 1 minut; se scurge bine.

e) Împărțiți dovleceii în recipiente pentru prepararea mesei. Acoperiți cu chiftelute, sos marinara și parmezan. Se va păstra acoperit la frigider 3 până la 4 zile. Reîncălziți în cuptorul cu microunde, descoperit, la intervale de 30 de secunde, până când se încălzește.

67. Chiftele ușoare

Produce aproximativ 18 chiftele

INGREDIENTE

- 20 oz. (600 g) piept de curcan măcinat extra slab
- ½ cană (40 g) făină de ovăz
- 1 ou
- 2 cesti (80 g) spanac, tocat (optional)
- 1 lingurita praf de usturoi
- ¾ lingurite sare
- ½ linguriță de piper

DIRECTII

a) Preîncălziți cuptorul la 350F (180C).
b) Se amestecă toate ingredientele într-un bol.
c) Rulați carnea în chiftele de dimensiunea unei mingi de golf și transferați-le într-o tavă de copt pulverizată de 9x13" (30x20cm).
d) Coaceți timp de 15 minute.

68. Supa cu 3 ingrediente

Da 8 portii
INGREDIENTE
- 2 15 oz. (425g fiecare) conserve de fasole (eu folosesc o cutie de fasole neagra si una de fasole alba), scursa/clatita
- 1 15 oz. (425g) cutie de roșii tăiate cubulețe
- 1 cană (235 ml) supă de pui/de legume sare și piper, după gust

DIRECTII
a) Combinați toate ingredientele într-o cratiță la foc mediu-înalt. Se aduce la fierbere.
b) După ce a dat în clocot, se acoperă și se lasă la fiert timp de 25 de minute.
c) Utilizați blenderul de imersie (sau transferați-l într-un blender/procesor obișnuit în loturi) pentru a transforma supa până la consistența dorită.
d) Serviți cald cu iaurt grecesc ca înlocuitor de smântână, brânză cheddar cu conținut scăzut de grăsimi și ceapă verde!
e) Rezistă până la 5 zile la frigider.

69. Salsa de gătit lentă Turcia

Da 6 portii

INGREDIENTE

- 20 oz. (600 g) piept de curcan măcinat extra slab
- 1 15,5 oz. borcan (440 g) de salsa
- sare si piper dupa gust (optional)

DIRECTII

a) Adăugați curcanul măcinat și salsa în aragazul lent.
b) Dați căldura la scăzut. Se lasa sa fiarba 6-8 ore, incet si mic. Amestecați o dată sau de două ori pe toată durata timpului de gătire. (Gătiți la foc mare timp de 4 ore dacă sunteți în criză de timp).
c) Serviți cu salsa rece suplimentară, iaurt grecesc ca înlocuitor de smântână, brânză sau ceapă verde!
d) Rezistă 5 zile la frigider sau 3-4 luni la congelator.

70. Burrito-Castron-In-A-Borcan

Produce 1 borcan

INGREDIENTE
- 2 linguri salsa
- ¼ cană (40 g) salsa de fasole/fasole ⅓cană (60 g) orez fiert/quinoa
- 3 oz. (85 g) curcan, pui sau proteină la alegere gătită
- 2 linguri de brânză cheddar cu conținut scăzut de grăsimi
- 1 ½ cană (60 g) salată verde/verde
- 1 linguriță iaurt grecesc („smântână")
- ¼ de avocado

DIRECTII
a) Pune toate ingredientele în borcan.
b) Păstrați pentru a mânca la o oră ulterioară.
c) Când este gata de mâncare, turnați borcanul pe o farfurie sau un bol pentru a se amesteca și a devora!
d) Tine 4-5 zile la frigider.

PRANZ RECE

71. Boluri pentru pregătirea mesei Carnitas

INGREDIENTE
- 2 ½ lingurițe pudră de chili
- 1 ½ linguriță de chimen măcinat
- 1 ½ linguriță de oregano uscat
- 1 lingurita de sare kosher, sau mai mult dupa gust
- ½ linguriță piper negru măcinat sau mai mult după gust
- 1 (3 kg) muschi de porc, excesul de grăsime tăiat
- 4 catei de usturoi, curatati de coaja
- 1 ceapă, tăiată felii
- Suc din 2 portocale
- Suc de 2 lime
- 8 căni de kale mărunțită
- 4 roșii prune, tocate
- 2 conserve (15 uncii) de fasole neagră, scursă și clătită
- 4 căni de boabe de porumb (congelate, conservate sau prăjite)
- 2 avocado, tăiate la jumătate, fără sâmburi, decojite și tăiate cubulețe
- 2 lime, tăiate felii

DIRECTII

a) Într-un castron mic, combinați pudra de chili, chimen, oregano, sare și piper. Asezonați carnea de porc cu amestecul de condimente, frecând bine pe toate părțile.

b) Puneți carnea de porc, usturoiul, ceapa, sucul de portocale și sucul de lămâie într-un aragaz lent. Acoperiți și gătiți la foc mic timp de 8 ore sau la maxim timp de 4 până la 5 ore.

c) Scoateți carnea de porc din aragaz și tăiați carnea. Se pune înapoi în oală și se amestecă cu sucurile; asezoneaza cu sare si piper, daca este nevoie. Acoperiți și păstrați la cald încă 30 de minute.

d) Puneți carnea de porc, varza kale, roșiile, fasolea neagră și porumbul în recipiente pentru pregătirea mesei. Se va păstra acoperit la frigider 3 până la 4 zile. Serviți cu avocado și felii de lime.

72. Salată de hot dog din Chicago

INGREDIENTE

- 2 linguri ulei de masline extravirgin
- 1 ½ linguriță de muștar galben
- 1 lingura otet de vin rosu
- 2 lingurite de mac
- ½ linguriță sare de țelină
- Un praf de zahar
- Sare kosher și piper negru proaspăt măcinat, după gust
- 1 cană de quinoa
- 4 hot dog cu curcan cu conținut redus de grăsime
- 3 căni de varză de varză mărunțită
- 1 cană de roșii cireașă tăiate în jumătate
- ⅓ cană ceapă albă tăiată cubulețe
- ¼ cană ardei sport
- 8 sulițe de murături de mărar

DIRECTII

a) PENTRU A PREA VINIGRETĂ: Se amestecă uleiul de măsline, muștarul, oțetul, semințele de mac, sarea de țelină și zahărul într-un castron mediu. Se condimenteaza cu sare si piper dupa gust. Acoperiți și lăsați la frigider pentru 3 până la 4 zile.

b) Gatiti quinoa conform instructiunilor de pe ambalaj intr-o cratita mare cu 2 cani de apa; pus deoparte.

c) Se încălzește un grătar la intensitate medie. Adăugați hot-dog-urile pe grătar și gătiți până când devin maro auriu și ușor carbonizat pe toate părțile, 4 până la 5 minute. Se lasă să se răcească și se taie în bucăți mici.

d) Împărțiți quinoa, hot-dog-urile, roșiile, ceapa și ardeii în recipiente pentru pregătirea mesei. Se va păstra la frigider 3 până la 4 zile.

e) Pentru a servi, turnați dressingul deasupra salatei și amestecați ușor pentru a se combina. Serviți imediat, ornat cu sulițe murate, dacă doriți.

73. Boluri pentru taco cu pește

INGREDIENTE
Sos de lime coriandru
- 1 cană de coriandru ușor ambalat, tulpinile îndepărtate
- ½ cană iaurt grecesc
- 2 catei de usturoi,
- Suc de 1 lime
- Un praf de sare cușer
- ¼ cană ulei de măsline extravirgin
- 2 linguri otet de mere

Tilapia
- 3 linguri de unt nesarat, topit
- 3 catei de usturoi, tocati
- Coaja rasă de 1 lime
- 2 linguri de suc de lamaie proaspat stors, sau mai mult dupa gust
- 4 (4 uncii) file de tilapia
- Sare kosher și piper negru proaspăt măcinat, după gust
- ⅔ cană quinoa
- 2 căni de varză mărunțită
- 1 cană de varză roșie mărunțită
- 1 cană boabe de porumb (conserve sau prăjite)
- 2 roșii prune, tăiate cubulețe
- ¼ cană chipsuri tortilla zdrobite
- 2 linguri frunze proaspete de coriandru tocate

DIRECTII

a) PENTRU DRESS: Combinați coriandru, iaurtul, usturoiul, sucul de lămâie și sarea în bolul unui robot de bucătărie. Cu motorul pornit, adăugați uleiul de măsline și oțetul într-un flux lent până se emulsionează. Acoperiți și lăsați la frigider pentru 3 până la 4 zile.

b) PENTRU TILAPIA: Preîncălziți cuptorul la 425 de grade F. Ungeți ușor o tavă de copt de 9 x 13 inci sau ungeți cu spray antiaderent.

c) Într-un castron mic, amestecați untul, usturoiul, coaja de lămâie și sucul de lămâie. Se condimentează tilapia cu sare și piper și se pune în vasul de copt pregătit. Stropiți cu amestecul de unt.

d) Coaceți până când peștele se fulge ușor cu o furculiță, 10 până la 12 minute.

e) Gătiți quinoa conform instrucțiunilor de pe ambalaj într-o cratiță mare cu 2 căni de apă. Lasa sa se raceasca.

f) Împărțiți quinoa în recipiente pentru prepararea mesei. Acoperiți cu tilapia, kale, varză, porumb, roșii și chipsuri tortilla.

g) Pentru a servi, stropiți cu sos de lime și coriandru, ornat cu coriandru, dacă doriți.

74. Recoltați salată Cobb

INGREDIENTE
Sos de mac
- $\frac{1}{4}$ cană lapte 2%.
- 3 linguri maioneză cu ulei de măsline
- 2 linguri iaurt grecesc
- 1 $\frac{1}{2}$ lingurita de zahar sau mai mult dupa gust
- 1 lingura otet de mere
- 1 lingura de mac
- 2 linguri ulei de masline

Salată
- 16 uncii de dovleac, tăiat în bucăți de 1 inch
- 16 uncii varză de Bruxelles, tăiate la jumătate
- 2 crengute de cimbru proaspat
- 5 frunze proaspete de salvie
- Sare kosher și piper negru proaspăt măcinat, după gust
- 4 ouă medii
- 4 felii de bacon, taiate cubulete
- 8 căni de kale mărunțită
- 1 ⅓ cani de orez salbatic fiert

DIRECTII

a) PENTRU TRAIN: Se amestecă într-un castron mic laptele, maioneza, iaurtul, zahărul, oțetul și semințele de mac. Acoperiți și lăsați la frigider până la 3 zile.

b) Preîncălziți cuptorul la 400 de grade F. Ungeți ușor o foaie de copt sau ungeți cu spray antiaderent.

c) Puneți dovleceii și varza de Bruxelles pe foaia de copt pregătită. Adăugați uleiul de măsline, cimbru și salvie și amestecați ușor pentru a se combina; se asezoneaza cu sare si piper. Aranjați într-un strat uniform și coaceți, întorcând o dată, timp de 25 până la 30 de minute, până când se înmoaie; pus deoparte.

d) Între timp, puneți ouăle într-o cratiță mare și acoperiți cu apă rece cu 1 inch. Se aduce la fierbere și se fierbe timp de 1 minut. Acoperiți oala cu un capac etanș și luați de pe foc; lăsați să stea timp de 8 până la 10 minute. Scurgeți bine și lăsați să se răcească înainte de a curăța și a tăia felii.

e) Încinge o tigaie mare la foc mediu-înalt. Adăugați slănina și gătiți până când se rumenește și devine crocant, 6 până la 8 minute; scurgeți excesul de grăsime. Transferați pe o farfurie căptușită cu un prosop de hârtie; pus deoparte.

f) Pentru a asambla salatele, puneți varza kale în recipiente pentru prepararea mesei; aranjați deasupra rânduri de dovleac, varză de Bruxelles, slănină, ou și orez sălbatic. Se va păstra acoperit la frigider 3 până la 4 zile. Serviți cu dressingul cu semințe de mac.

75. Salată cobb de conopidă de bivoliță

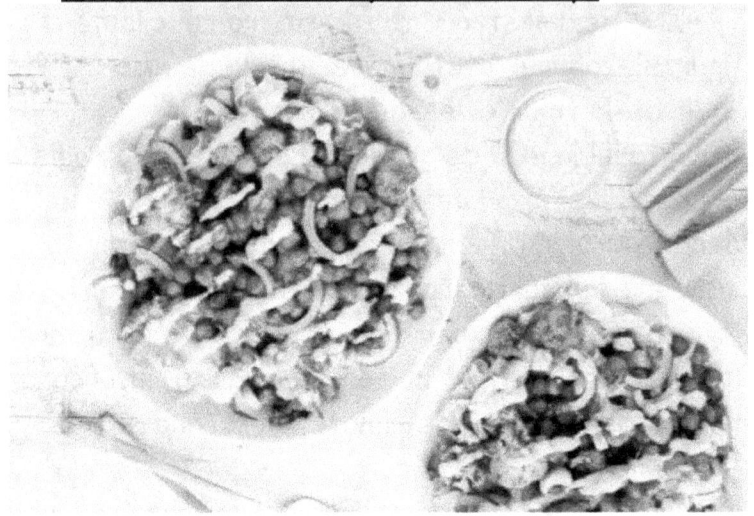

INGREDIENTE
- 3-4 cesti buchetele de conopida
- 1 15 oz. cutie de năut, scurs, clătit și uscat
- 2 lingurite ulei de avocado
- ½ lingurita piper
- ½ linguriță sare de mare
- ½ cană sos de aripioare de bivoliță
- 4 cani de romaine proaspata, tocata
- ½ cană de țelină, tocată
- ¼ cană ceapă roșie, feliată
- Dressing cremos pentru ranch vegan:
- ½ cană de caju crude, înmuiate 3-4 ore sau peste noapte
- ½ cană apă proaspătă
- 2 lingurite de marar uscat
- 1 lingurita praf de usturoi
- 1 lingurita praf de ceapa
- ½ linguriță sare de mare
- praf de piper negru

DIRECTII

a) Setați cuptorul la 450°F.
b) Adăugați conopida, năutul, uleiul, piperul și sarea într-un castron mare și amestecați pentru a se acoperi.
c) Turnați amestecul pe o tavă de copt sau pe piatră. Se prăjește timp de 20 de minute. Scoateți foaia de copt din cuptor, turnați sos de bivoliță peste amestec și amestecați pentru a se acoperi. Prăjiți încă 10-15 minute sau până când năutul este crocant și conopida este prăjită după bunul plac. Scoateți din cuptor.
d) Adăugați caju înmuiate și scurse într-un blender de mare putere sau într-un robot de bucătărie cu 1/2 cană de apă, mărar, praf de usturoi, praf de ceapă, sare și piper. Se amestecă până la omogenizare.
e) Luați două boluri de salată și adăugați 2 căni de romaine tocată, 1/4 cană țelină și 1/8 cană ceapă în fiecare bol. Deasupra cu conopida de bivoliță prăjită și năut. Stropiți pe dressing și bucurați-vă!

Mason borcan de sfeclă și varză de Bruxelles boluri de cereale

INGREDIENTE

- 3 sfeclă medie (aproximativ 1 kilogram)
- 1 lingura ulei de masline
- Sare kosher și piper negru proaspăt măcinat, după gust
- 1 cană farro
- 4 cesti baby spanac sau varza kale
- 2 cani de varza de Bruxelles (aproximativ 8 uncii), feliate subtiri
- 3 clementine, decojite și segmentate
- $\frac{1}{2}$ cană nuci pecan, prăjite
- $\frac{1}{2}$ cană semințe de rodie

Vinaigretă cu miere și vin roșu de Dijon

- $\frac{1}{4}$ cană ulei de măsline extravirgin
- 2 linguri otet de vin rosu
- $\frac{1}{2}$ șalotă, tocată
- 1 lingura miere
- 2 lingurițe de muștar integral
- Sare kosher și piper negru proaspăt măcinat, după gust

DIRECTII

a) Preîncălziți cuptorul la 400 de grade F. Tapetați o tavă de copt cu folie.

b) Se pune sfecla pe folie, se stropeste cu ulei de masline si se condimenteaza cu sare si piper. Îndoiți toate cele 4 părți ale foliei pentru a face o pungă. Coaceți până se înmoaie cu furculița, 35 până la 45 de minute; se lasa sa se raceasca, aproximativ 30 de minute.

c) Folosind un prosop de hârtie curat, frecați sfecla pentru a îndepărta pielea; tăiați în bucăți de mărimea unei mușcături.

d) Gatiti farro-ul conform Instructiunilor de pe ambalaj, apoi lasati sa se raceasca.

e) Împărțiți sfecla în 4 borcane de sticlă cu gura largă, cu capac. Acoperiți cu spanac sau kale, farro, varză de Bruxelles, clementine, nuci pecan și semințe de rodie. Se va păstra acoperit la frigider 3 sau 4 zile.

f) PENTRU VINIGRETĂ: Se amestecă uleiul de măsline, oțetul, eșapa, mierea, muștarul și 1 lingură de apă; se asezoneaza cu sare si piper dupa gust. Acoperiți și lăsați la frigider până la 3 zile.

g) Pentru a servi, adăugați vinegreta în fiecare borcan și agitați. Serviți imediat.

76. Mason borcan salata de broccoli

INGREDIENTE

- 3 linguri lapte 2%.
- 2 linguri maioneza cu ulei de masline
- 2 linguri iaurt grecesc
- 1 lingura zahar, sau mai mult dupa gust
- 2 lingurite otet de mere
- ½ cană caju
- ¼ cană de afine uscate
- ½ cană ceapă roșie tăiată cubulețe
- 2 uncii de brânză cheddar, tăiată cubulețe
- 5 cesti buchetele de broccoli tocate grosier

DIRECTII

a) PENTRU DRESS: Se amestecă într-un castron mic laptele, maioneza, iaurtul, zahărul și oțetul.

b) Împărțiți pansamentul în 4 borcane de sticlă cu gura largă, cu capac. Acoperiți cu caju, merișoare, ceapă, brânză și broccoli. Se da la frigider pana la 3 zile.

c) Pentru a servi, agitați conținutul unui borcan și serviți imediat.

77. Mason borcan salata de pui

INGREDIENTE

- 2 ½ căni rămase de pui mărunțit la rotiserie
- ½ cană iaurt grecesc
- 2 linguri maioneza cu ulei de masline
- ¼ cană ceapă roșie tăiată cubulețe
- 1 tulpină de țelină, tăiată cubulețe
- 1 lingură suc de lămâie proaspăt stors, sau mai mult după gust
- 1 lingurita tarhon proaspat tocat
- ½ linguriță de muștar de Dijon
- ½ linguriță de usturoi pudră
- Sare kosher și piper negru proaspăt măcinat, după gust
- 4 căni de kale mărunțită
- 2 mere Granny Smith, fără miez și mărunțite
- ½ cană caju
- ½ cană de afine uscate

DIRECTII

a) Într-un castron mare, combinați puiul, iaurtul, maioneza, ceapa roșie, țelina, sucul de lămâie, tarhonul, muștarul și pudra de usturoi; se asezoneaza cu sare si piper dupa gust.

b) Împărțiți amestecul de pui în 4 borcane de sticlă cu gura largă, cu capac. Acoperiți cu kale, mere, caju și merișoare. Se da la frigider pana la 3 zile.

c) Pentru a servi, agitați conținutul unui borcan și serviți imediat.

78. Mason jar Salata chinezeasca de pui

INGREDIENTE

- ½ cană oțet de vin de orez
- 2 catei de usturoi, presati
- 1 lingura ulei de susan
- 1 lingura de ghimbir proaspat ras
- 2 lingurite de zahar sau mai mult dupa gust
- ½ linguriță de sos de soia cu conținut redus de sodiu
- 2 cepe verde, feliate subțiri
- 1 lingurita de seminte de susan
- 2 morcovi, curatati si rasi
- 2 căni de castraveți englezești tăiați cubulețe
- 2 căni de varză mov mărunțită
- 12 căni de kale tocată
- 1 ½ cană rămasă de pui rotisor tăiat cubulețe
- 1 cană fâșii wonton

DIRECTII

a) PENTRU VINIGRETĂ: Se amestecă într-un castron mic oțetul, usturoiul, uleiul de susan, ghimbirul, zahărul și sosul de soia. Împărțiți pansamentul în 4 borcane de sticlă cu gura largă, cu capac.

b) Acoperiți cu ceapă verde, semințe de susan, morcovi, castraveți, varză, kale și pui. Se da la frigider pana la 3 zile. Păstrați benzile wonton separat.

c) Pentru a servi, agitați conținutul unui borcan și adăugați fâșiile de wonton. Serviți imediat.

79. Mason borcan salata niçoise

INGREDIENTE

- 2 ouă medii
- 2 ½ căni de fasole verde tăiată la jumătate
- 3 cutii (7 uncii) de ton albacore ambalate în apă, scurse și clătite
- ¼ cană ulei de măsline extravirgin
- 2 linguri otet de vin rosu
- 2 linguri ceapa rosie taiata cubulete
- 2 linguri frunze de patrunjel proaspat tocate
- 1 lingura frunze proaspete de tarhon tocate
- 1 ½ linguriță muștar de Dijon
- Sare kosher și piper negru proaspăt măcinat, după gust
- 1 cană de roșii cireașă tăiate în jumătate
- 4 căni de salată verde ruptă
- 3 cesti frunze de rucola
- 12 măsline Kalamata
- 1 lămâie, tăiată felii (opțional)

DIRECTII

a) Puneți ouăle într-o cratiță mare și acoperiți cu apă rece cu 1 inch. Se aduce la fierbere și se fierbe timp de 1 minut. Acoperiți oala cu un capac etanș și luați de pe foc; lăsați să stea timp de 8 până la 10 minute.

b) Între timp, într-o oală mare cu apă clocotită cu sare, se fierbe fasolea verde până la culoare verde aprins, aproximativ 2 minute. Scurgeți și răciți într-un castron cu apă cu gheață. Scurgeți bine. Scurgeți ouăle și lăsați-le să se răcească înainte de a curăța și tăia ouăle în jumătate pe lungime.

c) Într-un castron mare, combinați tonul, uleiul de măsline, oțetul, ceapa, pătrunjelul, tarhonul și Dijon până când se combină; se asezoneaza cu sare si piper dupa gust.

d) Împărțiți amestecul de ton în 4 borcane de sticlă cu gura largă, cu capac. Acoperiți cu fasole verde, ouă, roșii, salată verde, rucola și măsline. Se da la frigider pana la 3 zile.

e) Pentru a servi, agitați conținutul unui borcan. Serviți imediat, cu felii de lămâie dacă doriți.

80. Boluri de ton picant

INGREDIENTE

- 1 cană de orez brun cu bob lung
- 3 linguri maioneză cu ulei de măsline
- 3 linguri iaurt grecesc
- 1 lingură sos sriracha, sau mai mult după gust
- 1 lingura suc de lamaie
- 2 lingurițe de sos de soia cu conținut redus de sodiu
- 2 cutii (5 uncii) de ton albacore, scurse și clătite
- Sare kosher și piper negru proaspăt măcinat, după gust
- 2 căni de varză mărunțită
- 1 lingura de seminte de susan prajite
- 2 lingurite ulei de susan prajit
- 1 ½ cani de castravete englezesc taiat cubulete
- ½ cană de ghimbir murat
- 3 cepe verde, feliate subțiri
- ½ cană nori prăjit mărunțit

DIRECTII

a) Gatiti orezul conform instructiunilor de pe pachet in 2 cani de apa intr-o cratita medie; pus deoparte.
b) Într-un castron mic, amestecați maioneza, iaurtul, sriracha, sucul de lămâie și sosul de soia. Puneti 2 linguri de amestec de maioneza intr-un al doilea castron, acoperiti si dati la frigider. Se amestecă tonul în amestecul de maioneză rămas și se amestecă ușor pentru a se combina; se asezoneaza cu sare si piper dupa gust.
c) Într-un castron mediu, combinați varza kale, semințele de susan și uleiul de susan; se asezoneaza cu sare si piper dupa gust.
d) Împărțiți orezul în recipiente pentru prepararea mesei. Acoperiți cu amestec de ton, amestec de varză, castraveți, ghimbir, ceapă verde și nori. Se da la frigider pana la 3 zile.
e) Pentru a servi, stropiți cu amestecul de maioneză.

81. Salată de friptură cobb

Vinaigretă balsamică
- 3 linguri ulei de măsline extravirgin
- 4 ½ linguriţe de oţet balsamic
- 1 catel de usturoi, presat
- 1 ½ linguriţă fulgi de pătrunjel uscaţi
- ¼ lingurita busuioc uscat
- ¼ de linguriţă de oregano uscat

Salată
- 4 ouă medii
- 1 lingura unt nesarat
- Friptură de 12 uncii
- 2 lingurite ulei de masline
- Sare kosher și piper negru proaspăt măcinat, după gust
- 8 căni de spanac baby
- 2 căni de roșii cireașă, tăiate la jumătate
- ½ cană jumătăţi de nuci pecan
- ½ cană de brânză feta mărunțită fără grăsimi

DIRECTII

a) PENTRU VINIGRETĂ BALSAMICĂ: Se amestecă uleiul de măsline, oțetul balsamic, zahărul, usturoiul, pătrunjelul, busuioc, oregano și muștarul (dacă se folosește) într-un castron mediu. Acoperiți și lăsați la frigider până la 3 zile.

b) Puneți ouăle într-o cratiță mare și acoperiți cu apă rece cu 1 inch. Se aduce la fierbere și se fierbe timp de 1 minut. Acoperiți oala cu un capac etanș și luați de pe foc; lăsați să stea timp de 8 până la 10 minute. Scurgeți bine și lăsați să se răcească înainte de a curăța și a tăia felii.

c) Topiți untul într-o tigaie mare la foc mediu-înalt. Folosind prosoape de hârtie, uscați ambele părți ale fripturii. Stropiți cu ulei de măsline și asezonați cu sare și piper. Adăugați friptura în tigaie și gătiți, răsturnând o dată, până când este gătită până la punctul dorit, 3 până la 4 minute pe fiecare parte pentru mediu-rar. Lăsați să se odihnească 10 minute înainte de a tăia bucăți mici.

d) Pentru a asambla salatele, pune spanacul în recipiente pentru prepararea mesei; acoperiți cu rânduri aranjate de friptură, ouă, roșii, nuci pecan și feta. Acoperiți și lăsați la frigider până la 3 zile. Serviți cu vinegreta balsamică sau cu dressingul dorit.

82. Boluri pentru hrănirea cartofilor dulci

INGREDIENTE
- 2 cartofi dulci medii, decojiți și tăiați în bucăți de 1 inch
- 3 linguri ulei de măsline extravirgin, împărțit
- ½ lingurita boia afumata
- Sare kosher și piper negru proaspăt măcinat, după gust
- 1 cană farro
- 1 buchet de kale lacinata, mărunțită
- 1 lingura suc de lamaie proaspat stors
- 1 cană de varză roșie mărunțită
- 1 cană de roșii cireașă tăiate în jumătate
- ¾ cană Fasole Garbanzo crocantă
- 2 avocado, tăiate la jumătate, fără sâmburi și curățate de coajă

DIRECTII
a) Preîncălziți cuptorul la 400 de grade F. Tapetați o tavă de copt cu hârtie de copt.
b) Pune cartofii dulci pe foaia de copt pregătită. Adăugați 1 ½ linguriță de ulei de măsline și boia de ardei, condimentați cu sare și piper și amestecați ușor pentru a se combina. Aranjați într-un singur strat și coaceți timp de 20 până la 25 de minute, întorcându-le o dată, până când se străpunge ușor cu o furculiță.
c) Gatiti farro-ul conform instructiunilor de pe ambalaj; pus deoparte.
d) Combinați varza kale, sucul de lămâie și restul de 1 ½ linguriță de ulei de măsline într-un castron mediu. Maseaza varza pana se omogenizeaza bine si asezoneaza cu sare si piper dupa gust.
e) Împărțiți farro-ul în recipiente pentru pregătirea mesei. Acoperiți cu cartofi dulci, varză, roșii și garbanzos crocante. Se da la frigider pana la 3 zile. Serviți cu avocado.

83. Boluri Thai Buddha de pui

INGREDIENTE

Sos de arahide picant
- 3 linguri de unt de arahide cremos
- 2 linguri de suc de lamaie proaspat stors
- 1 lingură sos de soia cu conținut redus de sodiu
- 2 lingurite de zahar brun inchis
- 2 lingurițe sambal oelek (pastă de chile proaspăt măcinat)

Salată
- 1 cană farro
- $\frac{1}{4}$ cană bulion de pui
- 1 $\frac{1}{2}$ linguriță sambal oelek (pastă de chile proaspăt măcinat)
- 1 lingura zahar brun deschis
- 1 lingura suc de lamaie proaspat stors
- 1 kilogram de piept de pui dezosat și fără piele, tăiat în bucăți de 1 inch
- 1 lingura amidon de porumb
- 1 lingura sos de peste
- 1 lingura ulei de masline
- 2 catei de usturoi, tocati
- 1 şalotă, tocată
- 1 lingura de ghimbir proaspat ras
- Sare kosher și piper negru proaspăt măcinat, după gust
- 2 căni de varză mărunțită
- 1 $\frac{1}{2}$ cană de varză mov mărunțită
- 1 cană muguri de fasole
- 2 morcovi, curatati si rasi
- $\frac{1}{2}$ cană frunze de coriandru proaspăt
- $\frac{1}{4}$ cană alune prăjite

DIRECTII

a) PENTRU SOS DE ARAHIDE: Amestecați untul de arahide, sucul de lămâie, sosul de soia, zahărul brun, sambal oelek și 2 până la 3 linguri de apă într-un castron mic. Acoperiți și lăsați la frigider până la 3 zile.

b) Gatiti farro-ul conform instructiunilor de pe ambalaj; pus deoparte.

c) În timp ce farro se gătește, într-un castron mic, amestecați bulionul, sambal oelek, zahărul brun și sucul de lămâie; pus deoparte.

d) Într-un castron mare, combinați puiul, amidonul de porumb și sosul de pește, amestecați pentru a se acoperi și lăsați puiul să absoarbă amidonul de porumb câteva minute.

e) Încinge uleiul de măsline într-o tigaie mare la foc mediu. Adăugați puiul și gătiți până devine auriu, 3 până la 5 minute. Adăugați usturoiul, eșapa și ghimbirul și continuați să gătiți, amestecând des, până când se simte parfumat, aproximativ 2 minute. Se amestecă amestecul de bulion și se fierbe până se îngroașă ușor, aproximativ 1 minut. Se condimenteaza cu sare si piper dupa gust.

f) Împărțiți farro-ul în recipiente pentru pregătirea mesei. Acoperiți cu pui, varză, varză, muguri de fasole, morcovi, coriandru și alune. Se va păstra acoperit la frigider 3 până la 4 zile. Serviți cu sosul de arahide picant.

84. Ambalaje thailandeze de pui cu arahide

INGREDIENTE
Sos de arahide curry de nucă de cocos
- ¼ cană lapte de cocos ușor
- 3 linguri de unt de arahide cremos
- 1 ½ linguriță oțet de vin de orez condimentat
- 1 lingură sos de soia cu conținut redus de sodiu
- 2 lingurite de zahar brun inchis
- 1 lingurita sos de usturoi chili
- ¼ de linguriță pudră de curry galben

Înfășurați
- 2 ½ căni rămase de pui rotisor tăiat cubulețe
- 2 căni de varză Napa mărunțită
- 1 cană de ardei gras roșu tăiat felii subțiri
- 2 morcovi, curățați și tăiați în bețișoare de chibrit
- 1 ½ linguriță suc de lămâie proaspăt stors
- 1 lingură maioneză cu ulei de măsline
- Sare kosher și piper negru proaspăt măcinat, după gust
- 3 uncii cremă de brânză redusă în grăsimi, la temperatura camerei
- 1 lingurita de ghimbir proaspat ras
- 4 (8 inchi) împachetări cu tortilla de roșii uscate

DIRECTII

a) PENTRU SOSUL DE ARAHIDE CU CURRY DE COCOS: Se amestecă într-un castron mic laptele de cocos, untul de arahide, oțetul de vin de orez, sosul de soia, zahărul brun, sosul de usturoi chili și pudra de curry. Pune deoparte 3 linguri pentru pui; restul se lasa la frigider pana este gata de servire.

b) Într-un castron mare, combinați puiul și cele 3 linguri de sos de arahide și amestecați până când se îmbină.

c) Într-un castron mediu, combinați varza, ardeiul gras, morcovii, sucul de lămâie și maioneza; se asezoneaza cu sare si piper dupa gust.

d) Într-un castron mic, combinați crema de brânză și ghimbirul; se asezoneaza cu sare si piper dupa gust.

e) Întindeți amestecul de cremă de brânză uniform pe tortilla, lăsând un chenar de 1 inch. Acoperiți cu amestecul de pui și varză. Îndoiți părțile laterale cu aproximativ 1 inch, apoi rulați strâns de jos. Se va păstra acoperit la frigider 3 până la 4 zile. Servește fiecare wrap cu sos de arahide curry cu nucă de cocos.

85. Roțile cu spanac de curcan

INGREDIENTE

- 1 felie de brânză cheddar
- 2 uncii piept de curcan feliat subțire
- $\frac{1}{2}$ cană baby spanac
- 1 tortilla de spanac (8 inchi).
- 6 morcovi pui
- $\frac{1}{4}$ cană de struguri
- 5 felii de castravete

DIRECTII

a) Puneți brânza, curcanul și spanacul în centrul tortillei. Aduceți strâns marginea de jos a tortillei peste spanac și îndoiți-le pe părțile laterale. Rulați până se ajunge la vârful tortillei. Tăiați în 6 roți.

b) Puneți roțile, morcovii, strugurii și feliile de castraveți într-un recipient pentru pregătirea mesei. Se pastreaza acoperit la frigider 2-3 zile.

86. Salată de taco de curcan

INGREDIENTE
- 1 lingura ulei de masline
- 1 ½ kilograme de curcan măcinat
- 1 pachet (1,25 uncii) condimente pentru taco
- 8 căni de salată romană mărunțită
- ½ cană Vârful de Cocoș (de casă sau cumpărat din magazin)
- ½ cană iaurt grecesc
- ½ cană de amestec de brânză mexicană mărunțită
- 1 lime, tăiată felii

DIRECTII

a) Încinge uleiul de măsline într-o tigaie mare la foc mediu-mare. Adăugați curcanul măcinat și gătiți până se rumenește, 3 până la 5 minute, asigurându-vă că carnea se sfărâmă pe măsură ce se gătește; se amestecă condimentul pentru taco. Scurgeți excesul de grăsime.

b) Pune salata romana in pungi de sandvici. Puneți Vârful de Cocoș, iaurtul și brânza în cupe separate de 2 uncii cu capace. Puneți totul - curcanul, romaine, Vârful de Cocoș, iaurt, brânză și felii de lime - în recipiente pentru pregătirea mesei.

87. Salată cu borcan mason foarte verde

INGREDIENTE

- ¾ cană de orz sidefat
- 1 cană frunze de busuioc proaspăt
- ¾ cană iaurt grecesc 2%.
- 2 cepe verde, tocate
- 1 ½ linguriță suc de lămâie proaspăt stors
- 1 catel de usturoi, curatat de coaja
- Sare kosher și piper negru proaspăt măcinat, după gust
- ½ castravete englezesc, tocat grosier
- 1 kilogram (4 mici) dovlecei, spiralați
- 4 căni de kale mărunțită
- 1 cană mazăre verde congelată, decongelată
- ½ cană de brânză feta mărunțită fără grăsimi
- ½ cană de lăstari de mazăre
- 1 lime, tăiată felii (opțional)

DIRECTII

a) Gatiti orzul conform instructiunilor de pe ambalaj; se lasa sa se raceasca complet si se da deoparte.

b) Pentru a face dressingul, combinați busuiocul, iaurtul, ceapa verde, sucul de lime și usturoiul în vasul unui robot de bucătărie și asezonați cu sare și piper. Pulsați până la omogenizare, aproximativ 30 de secunde până la 1 minut.

c) Împărțiți pansamentul în 4 borcane de sticlă cu gura largă, cu capac. Acoperiți cu castraveți, tăiței de dovlecei, orz, kale, mazăre, feta și lăstari de mazăre. Se da la frigider pana la 3 zile.

d) Pentru a servi, agitați conținutul într-un borcan. Serviți imediat, cu felii de lime, dacă doriți.

88. Boluri cu rulouri de primăvară cu dovlecei

INGREDIENTE

- 3 linguri de unt de arahide cremos
- 2 linguri de suc de lamaie proaspat stors
- 1 lingură sos de soia cu conținut redus de sodiu
- 2 lingurite de zahar brun inchis
- 2 lingurițe sambal oelek (pastă de chile proaspăt măcinat)
- 1 kilogram de creveți medii, decojiți și devenați
- 4 dovlecei medii, spiralați
- 2 morcovi mari, curatati si rasi
- 2 căni de varză mov mărunțită
- ⅓ cană frunze proaspete de coriandru
- ⅓ cană frunze de busuioc
- ¼ cană frunze de mentă
- ¼ cană alune prăjite tocate

DIRECTII

a) PENTRU SOS DE ARAHIDE: Amestecați untul de arahide, sucul de lămâie, sosul de soia, zahărul brun, sambal oelek și 2 până la 3 linguri de apă într-un castron mic. Se da la frigider pana la 3 zile, pana este gata de servire.

b) Într-o oală mare cu apă clocotită cu sare, gătiți creveții până devin roz, aproximativ 3 minute. Scurgeți și răciți într-un castron cu apă cu gheață. Scurgeți bine.

c) Împărțiți dovlecelul în recipiente pentru pregătirea mesei. Acoperiți cu creveți, morcovi, varză, coriandru, busuioc, mentă și alune. Se va păstra acoperit la frigider 3 până la 4 zile. Serviți cu sosul de arahide picant.

SALATE

89. Legume chilli-lime

PORȚII:2
TIMP TOTAL PENTRU PREGĂTIRE:25 de minute

INGREDIENTE:
- 1 bucată de ghimbir
- 1 catel de usturoi
- 1 buchet Bok Choi, feliat
- Muguri de fasole
- 1 morcov, tăiat în bețe de chibrit
- 1 lingurita bulion de legume
- 5 cepe de primăvară
- 1 ardei, taiat cubulete
- 1/2 dovlecel, taiat cubulete
- 4 buchete de broccoli
- O mână de mazăre cu zahăr
- Fidea Soba

Pansament:
- 1 ardei iute roșu
- Pumn mare de coriandru
- Suc de 1 lime

DIRECTII:
a) Combinați chiliul, frunzele de coriandru și sucul de lămâie într-un pistil și un mojar. Permite infuzarea pe lateral.
b) Tăiați și buchețelele de broccoli în bucăți mici. Vrem să facem masa tăiată subțire, astfel încât să se gătească rapid.
c) Se prepară bulionul cu 50 ml apă și se aduce la fierbere într-o tigaie. După un minut de fiert la aburi, adăugați celelalte legume și usturoiul și ghimbirul.
d) După prăjirea la abur timp de trei minute.
e) Serviți puiul pe un pat de tăiței soba.
f) Serviți cu un dressing chili-lime deasupra.

90. Paste cu lamaie cu broccoli si dovlecei

PORȚII:2
TIMP TOTAL PENTRU PREGĂTIRE:10 minute

INGREDIENTE:
- 1 cap de broccoli
- O mână de mazăre
- 2 catei de usturoi
- 2 porții de paste spelte, fierte
- 1 dovlecel
- 1 lingurita ulei de cocos
- 1 rosie
- Ciupiți sare de Himalaya și piper negru după gust
- 1/2 ceapa rosie
- Suc de 1 lămâie
- 2 buchete de rachetă
- Strop de ulei de măsline

DIRECTII:
a) Se calesc broccoli, mazarea, usturoiul, ceapa rosie si dovleceii in ulei de cocos.
b) Adăugați pastele împreună cu roșia tocată și rucola și sucul de lămâie.

91. Vinete, cartofi si naut

PORȚII:2
TIMP TOTAL PENTRU PREGĂTIRE:10 minute

INGREDIENTE:
- 1 ceapă, curățată și tăiată mărunt
- 1 lingurita coriandru
- 1 vinete
- 1 cartof
- 2 linguri ulei de cocos
- 1/2 linguriță de chimen
- 1 cutie de năut
- 1/4 linguriță turmeric
- coriandru proaspăt

SOS:
- 1 ceapă, curățată și tăiată mărunt
- 2 lingurite de ghimbir, curatat de coaja si ras
- 6 cuișoare întregi
- 450 g roșii prune
- 1/4 linguriță turmeric
- 2 linguri ulei de cocos
- 3 catei de usturoi, macinati
- 1/2 lingurita coriandru macinat
- 1/2 linguriță de chimen măcinat
- 1 1/2 linguriță sare
- 1 lingurita pudra de chili rosu, dupa gust

DIRECTII:

a) Puneți ceapa și semințele de chimen timp de 3 minute.
b) Adăugați cartofii, vinetele, năutul, coriandru măcinat, chimen și turmeric.
c) Gatiti ceapa, usturoiul, ghimbirul si cateii timp de saizeci de secunde si apoi adaugati rosiile tocate, turmeric si alte condimente.
d) Amestecați sosurile cu un blender de mână până când sunt omogenizate. După aceea, adăugați legumele, coriandru, apă, sare și piper după gust.
e) Terminați cu o stropire de coriandru proaspăt și serviți.

92. Sos cremos de varză cu varză

PORȚII:2
TIMP TOTAL PENTRU PREGĂTIRE:15 minute

INGREDIENTE:
- 1/3 cană semințe de susan
- 1 ardei gras
- 1/3 cană semințe de floarea soarelui
- 1 ceapa rosie
- 1 buchet de kale
- 4 căni de varză roșie, mărunțită
- 1 bucată de rădăcină de ghimbir
- coriandru proaspăt
- 1 Servire sos de caju

DIRECTII:
a) Se amestecă toate ingredientele.

93. Bruxelles, Morcovi și Verzi

PORȚII:2
TIMP TOTAL PENTRU PREGĂTIRE:15 minute

INGREDIENTE:
- 1 broccoli
- 2 morcovi, feliați subțiri
- 6 varza de Bruxelles
- 2 catei de usturoi
- 1 linguriță de semințe de chimen
- 1/2 lamaie
- Curățați 1 lămâie Ulei de măsline

DIRECTII:
a) Se fierb toate legumele timp de 5-8 minute la foc mic.
b) Sotește usturoiul cu semințe de chimen, coajă de lămâie, 1/2 suc de lămâie și ulei de măsline.
c) Adăugați morcovul și varza de Bruxelles.

94. Broccoli Conopida Prajita

PORȚII:2
TIMP TOTAL PENTRU PREGĂTIRE:20 de minute

INGREDIENTE:
- 4 buchete de broccoli
- 4 buchețe de conopidă
- 1 ardei
- Puține germeni asorți
- 3 cepe de primăvară
- 1 cățel de usturoi, Liquid Aminos tocat
- Orez sălbatic/brun

DIRECTII:
a) Gatiti orezul intr-un supa de legume fara drojdie.
b) Prăjiți usturoiul și ceapa într-un cuptor cu abur timp de trei minute.
c) Adăugați ingredientele rămase și fierbeți încă câteva minute.

95. Paste cu sparanghel și dovlecel

PORȚII: 4
TIMP TOTAL PENTRU PREGĂTIRE: 20 de minute

INGREDIENTE:
- 4 roșii, tăiate cubulețe
- 1 dovlecel
- 1/2 ceapa rosie, taiata cubulete
- 1 buchet sparanghel, fiert la abur
- 200 g de ruchetă
- 12 frunze de busuioc
- 2 catei de usturoi
- 4 portii de paste spelta, fierte
- Ulei de masline

DIRECTII:
a) Combinați ceapa și roșiile cu pumni de rucola și sparanghel și puneți-le deoparte.
b) Amestecă ingredientele rămase până se formează un sos omogen, verde deschis.
c) Amestecați pastele cu sosul, împărțiți-le în boluri și acoperiți cu roșii, ceapă roșie, sparanghel și rucola.

96. Roșii umplute cu legume

PORȚII:2
TIMP TOTAL PENTRU PREGĂTIRE:30 minute

INGREDIENTE:
- 1 lingura ulei presat la rece
- 2 rosii
- O jumătate de vinetă mică
- 1 ceapă
- 1/3 dintr-un dovlecel
- 1-2 catei de usturoi
- Un praf de sare de mare si piper
- 1 legătură de frunze proaspete de spanac

DIRECTII:
a) Preîncălziți cuptorul la 160 de grade Celsius (325 de grade Fahrenheit).
b) Combinați legumele cu spanacul, sare și piper, apoi stropiți cu ulei.
c) După aceea, puneți roșiile deasupra și scoateți centrul. Combinați piesa din mijloc cu restul amestecului și amestecați bine.
d) Acum trebuie să puneți totul înapoi în rosii cu grijă.
e) Pune roșiile într-o tigaie mare cu aproximativ 80 ml de apă și acoperă-o cu un capac după ce ești sigur că nu mai încape nimic în ele.
f) Coaceți timp de 18 minute.

97. Ratatouille vinete

PORȚII:4
TIMP TOTAL PENTRU PREGĂTIRE:30 minute

INGREDIENTE:
- 2 legături de baby spanac
- 3 vinete, feliate
- 6 măsline negre fără sâmburi
- 3 dovlecei, feliați
- 2 ardei rosii
- 5 roșii, tăiate cubulețe
- 3 lingurite frunze de cimbru
- 2 catei de usturoi
- Frunze de busuioc
- Seminte de coriandru
- Stropiți ulei de măsline extravirgin
- Ciupiți sare de Himalaya și piper negru

DIRECTII:
a) Scoateți coaja și tăiați dovleceii și vinetele pentru a se potrivi.
b) Într-o tigaie, încălziți puțin ulei de măsline sau de cocos și căleți încet un bulb de usturoi.
c) Puneți vinetele într-o strecurătoare și apăsați cu prosoape de hârtie de bucătărie pentru a îndepărta orice exces de ulei după ce le-ați fiert pe toate odată.
d) Se încălzește mai mult ulei, apoi se adaugă dovleceii și celălalt usturoi.
e) Combinați ingredientele rămase într-o tigaie mare și încălziți timp de 3 minute.

98. Ciuperci și spanac

PORȚII:2
TIMP TOTAL PENTRU PREGĂTIRE:15 minute
TIMP TOTAL PENTRU GĂTIT:15 minute

INGREDIENTE:
- 1 lingurita ulei de cocos
- 5-6 ciuperci, feliate
- 2 linguri ulei de masline
- ½ ceapă roșie, feliată
- 1 catel de usturoi, tocat
- ½ lingurita coaja proaspata de lamaie, rasa fin
- ¼ cană roșii cireașă, feliate
- Un praf de nucsoara macinata
- 3 căni de spanac proaspăt, mărunțit
- ½ lingurita suc proaspat de lamaie
- Ciupiți de sare
- Ciupiți piper negru măcinat

DIRECTII:
a) Se incinge uleiul de cocos si se calesc ciupercile timp de aproximativ 4 minute.
b) Se incinge uleiul de masline si se caleste ceapa aproximativ 3 minute.
c) Adăugați usturoiul, coaja de lămâie și roșiile, sare și piper negru și gătiți aproximativ 2-3 minute, zdrobind ușor roșiile cu o spatulă.
d) Gatiti aproximativ 2-3 minute dupa ce ati adaugat spanacul.
e) Se amestecă ciupercile și sucul de lămâie și se ia de pe foc.

99. Piper negru Spanac citric

PORȚII:4
TIMP TOTAL PENTRU PREGĂTIRE:10 minute
TIMP TOTAL PENTRU GĂTIT:7 minute

INGREDIENTE:
- 2 linguri ulei de masline (extra virgin)
- 2 catei de usturoi, macinati
- Suc de 1 portocală
- coaja de 1 portocală
- 3 căni de spanac proaspăt pentru copii
- 1 lingurita sare de mare
- $\frac{1}{8}$ lingurita piper negru, proaspat macinat

DIRECTII:
a) Încinge uleiul de măsline într-o tigaie la foc mare până începe să fiarbă.
b) Gatiti, amestecand periodic, timp de 3 minute dupa ce ati adaugat spanacul si usturoiul.
c) Adăugați suc de portocale, coaja de portocale, sare și piper.
d) Gatiti, amestecand continuu pana cand sucurile s-au evaporat, aproximativ 4 minute.

CONCLUZIE

Există atât de multe mâncăruri regionale delicioase în Coreea și America, fiecare fiind un tribut adus generozității pământului și mării din jur. De la tăiței picante și tocanite cu coaste până la burtă de porc savuroasă și o mulțime de banchan, veți găsi farfurii și boluri umplute cu orez, legume, fructe de mare și toate lucrurile fermentate. Dacă ești nou în gătit coreean-american și cauți un loc de unde să începi, îți recomandăm aceste rețete. Unele sunt autentice, iar altele sunt inspirate, dar toate au un lucru în comun: credința larg răspândită că atunci când mănânci bine, ești bine.

www.ingramcontent.com/pod-product-compliance
Lightning Source LLC
Chambersburg PA
CBHW071308110526
44591CB00010B/827